하루 **10**분 그림으로 저절로 외워지는 **리스타트**
스페인어 단어장

예스북

하루 10분 그림으로 저절로 외워지는 리스타트
스페인어 단어장

초판 인쇄 2018년 06월 15일
2쇄 발행 2020년 07월 10일

지은이 김은정
펴낸이 양봉숙
일러스트 정미희
디자인 김선희
편 집 장원희
마케팅 이주철

펴낸곳 예스북
출판등록 제320-2005-25호 2005년 3월 21일
주 소 서울시 마포구 서강로 131 신촌아이스페이스 1107호
전 화 (02)337-3054
팩 스 0504-190-1001
E-mail yesbooks@naver.com
홈페이지 www.e-yesbook.co.kr

ISBN 978-89-92197-88-5 13770

머릿말

스페인어 리스타트 어떠세요!

바쁜 일상 속에서 시작한 외국어 공부, 뜻대로 되질 않아 난감할 때가 많으셨죠. '나를 위한 투자'인데, 하면서 골랐던 어려운 교재들 잠시 놓아 두시고 위트 넘치는 리스타트 스페인어 단어장을 펼쳐 보세요.

스페인어는 발음을 공부하면 쉽게 그리고 바로 읽을 수 있습니다. 영어 문법과 비슷하고 또한 두어 단어로 소통이 가능하기 때문에 처음부터 어렵게 접근하기보다는 손에 닿는 물건, 집 안팎의 풍경들, 주변 사람들, 이런 친숙한 부분부터 그림과 함께 리스타트 스페인어 단어장으로 공부해 보세요.

이 책은 일상의 상황들을 모두 35개의 테마로 나누어 누구나 쉽게 접근할 수 있도록 구성했습니다. 그림과 스페인어 단어를 한눈에 사진을 찍듯이 공부해 보세요. 처음 보는 단어라도 그림과 함께 QR코드를 통해 원어민의 발음을 들으며 공부한다면 쉽게 배울 수 있습니다. 초보자를 위해 한글 발음도 표기해 두었는데, 되도록 한글 발음은 참고만 하시고 직접 원어민의 발음을 들으며 소리 내어 연습해 보세요.

또한, 스페인어 대화 예문을 제시하고 위트 만점의 그림과 함께 공부한 단어를 대입하여 문장 패턴을 연습할 수 있도록 구성했습니다. 단어와 아울러서 문장 표현까지 연습해야 실전에 강해지는 법이니까요. 더 욕심 있는 독자라면 '관련 어휘'란까지 꼼꼼히 챙겨 보시기 바랍니다.

일석삼조, 아니 일석오조(!)는 거뜬히 넘는 리스타트 스페인어 단어장으로 힘찬 출발을 하시길!

이 책의 구성

그림과 스페인어 단어를 제시하여 그림책 읽듯이 단어를 읽어 보면서 학습할 단어를 확인한다.

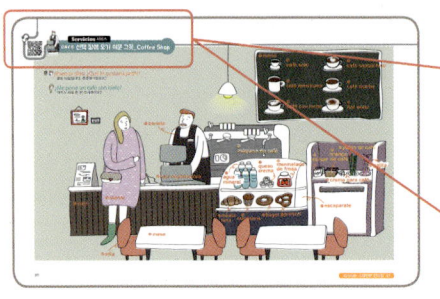

위트 있는 제목으로
학습 주제가 자연스럽게 드러난다.

QR코드를 통해 원어민 음성을 듣는다.
원어민 음성은
• 메인 화면에 나오는 대화
• 본문의 단어
• TALK! TALK! 대화
의 순으로 되어 있으므로 전체를 한 번에 듣거나 필요한 부분만 별도로 들을 수 있다.

• 단어와 그림이 한눈에 보여서 즉각적으로 이해하기 쉽다.
• 주제 단어뿐만 아니라 주변 단어들도 학습하여 어휘의 폭을 넓혀 준다.

그림과 단어를 일대일로 배치하여 각 단어의 의미와 발음을 익히고 숙어나 예문으로 단어의 활용을 구체적으로 배운다.

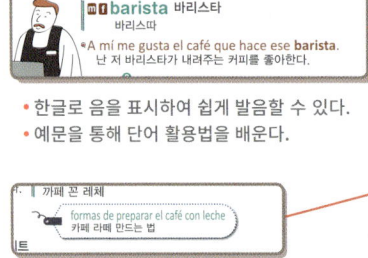

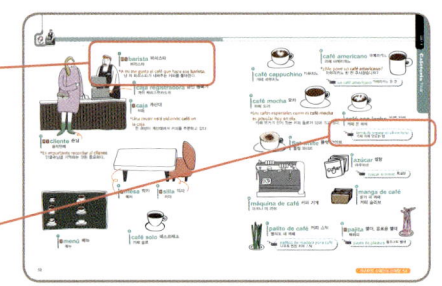

• 한글로 음을 표시하여 쉽게 발음할 수 있다.
• 예문을 통해 단어 활용법을 배운다.

• 학습한 단어로 숙어를 익힌다.

• 학습 주제가 책갈피 역할을 한다.

주제와 관련된 어휘로 어휘의 폭을 넓히고 단어 팁으로 깊이 있게 배우며 대화문을 통해 단어를 사용해 본다.

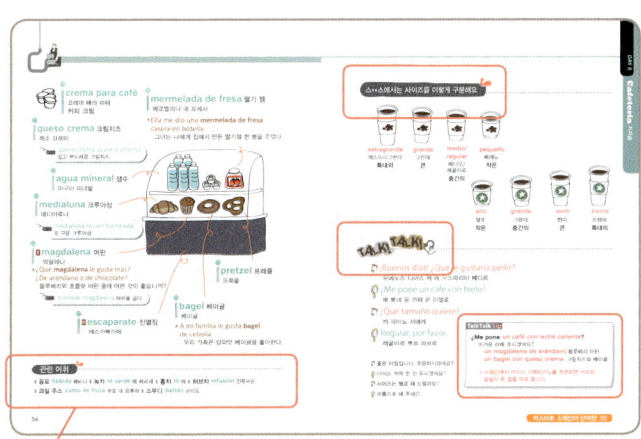

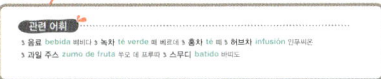

관련 어휘
주제와 관련되어 추가적으로 알아야 하는 단어들을 나열하여 주제 단어 이외에 폭넓은 어휘력을 갖출 수 있도록 한다.

단어 팁
주제와 관련하여 깊이 있는 내용이나 알고 있으면 도움이 되는 지식을 제공한다.

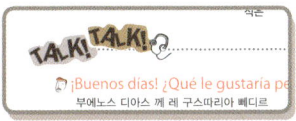

Talk Talk
실제 대화 예문으로 단어가 사용되는 맥락을 제시하고 한글 발음이 있어서 직접 읽어 보면서 연습할 수 있다.

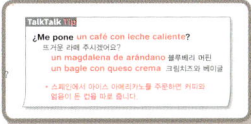

Talk Talk Tip
학습한 단어나 알고 있는 단어를 문장에 대입해 보면서 연습한다.

리스타트 스페인어 단어장 5

CONTENTS

Casa 집
- DAY 1 **Dormitorio** 침실 _ 내 방은 만물상자! … 008
- DAY 2 **Cuarto de Baño** 욕실 _ 하루의 피로와 함께 묵은 때도 안녕 … 014
- DAY 3 **Cocina** 주방 _ 맛있는 주말! 오늘은 내가 요리사! … 020
- DAY 4 **Salón** 거실 _ 나의 연중행사~ 대.청.소 … 026

Servicios 서비스
- DAY 5 **Banco** 은행 _ 통장 개설? 어렵지 않아요 팔로우 미~ … 032
- DAY 6 **Hospital** 병원 _ 아프면 아프다고 왜 말을 못 해? … 038
- DAY 7 **Hotel** 호텔 _ 해외에서 꼭 필요한 숙박 팁! … 044
- DAY 8 **Cafetería** 커피숍 _ 선택 장애 오기 쉬운 그곳_Coffee Shop … 050
- DAY 9 **Bar** 술집 _ 불타는 금요일, 오늘은 내가 쏜다! … 056

Pasatiempo, Ocio 레저, 여가
- DAY 10 **Deportes** 스포츠 _ 운동 종목 은근히 많네! … 062
- DAY 11 **Actividades al Aire Libre** 야외활동 _ 자연을 즐겨 볼까? … 068
- DAY 12 **Actividades en Tiempo Libre** 여가활동 _ 모처럼의 여유, 의미 있게 보내기 … 074

Compras 쇼핑
- DAY 13 **Grandes Almacenes** 백화점 _ Big Sale! 이번엔 꼭 사야해! … 080
- DAY 14 **Supermercado** 슈퍼마켓 _ 생각 없이 가면 후회하는 그곳_Supermarket … 086

Comida 음식
- DAY 15 **Frutas** 과일 _ 세상엔 'apple' 말고 다른 과일들도 많단다 … 092
- DAY 16 **Verduras** 채소 _ 채소 이름 알면, 유식해 보여! … 098
- DAY 17 **Carnes, Aves y Pollo, Mariscos** 육류, 가금류, 해산물
  육류, 가금류, 해산물, 골라 먹는 재미가 있다! … 104

Medios de transporte 교통수단
- DAY 18 **Transporte Público** 대중교통
  절대 기다려 주지 않는 너_Public transportation … 110
- DAY 19 **Aeropuerto I** 공항 I _ 열심히 일한 나, 떠나자! … 116
- DAY 20 **Aeropuerto II** 공항 II _ 까다로운 절차, 익숙해지면 괜찮아 … 122

Vestido 의류
   DAY 21 **Ropas** 옷 _ 패션왕에 도전! … 128
   DAY 22 **Joya y Complementos** 보석과 액세서리 _ 엣지있게 액세서리! … 134

Profesión, Trabajo 직업, 일
   DAY 23 **Profesión I** 직업 I _ 꿈 같은 직업 꿈꿔 볼까? … 140
   DAY 24 **Profesión II** 직업 II _ 취미가 직업이 된다면? … 146

Escuela 학교
   DAY 25 **Escuela y Asignatura** 학교와 학과목
         학교 과목 공부, 인생 공부보다 쉽다! … 152

Comunidad 지역사회
   DAY 26 **Comunidad** 지역사회 _ 길 찾기가 미로 찾기가 되지 않길 … 158

Naturaleza 자연
   DAY 27 **Animales terrestres** 육지동물 _ 동물 이름 박사 할래요! … 164
   DAY 28 **Animales marinos** 바다생물 _ 바다 생물, 생김새로 설명하긴 너무 어려워 … 170
   DAY 29 **Reptiles y Anfibios** 파충류와 양서류 _ 이만하면 귀엽지 않니? … 176
   DAY 30 **Aves** 새 _ 새는 새인데 다 같은 새는 아니네 … 182
   DAY 31 **Insectos y Plantas** 곤충과 식물 _ 알고 보면 나와 동거할지 모르는 그것 … 188

Humano 인간
   DAY 32 **Cuerpo** 신체 _ 언제까지 눈, 코 입만 얘기할래? … 194
   DAY 33 **Familia** 가족 _ 가족 소개는 제대로 하자! … 200
   DAY 34 **Apariencia** 외모 _ 각기 다른 외모, 각기 다른 표현 … 206
   DAY 35 **Sentimientos** 감정 _ 인생이 그래, 날마다 행복하진 않지 … 212

INDEX … 218

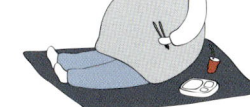

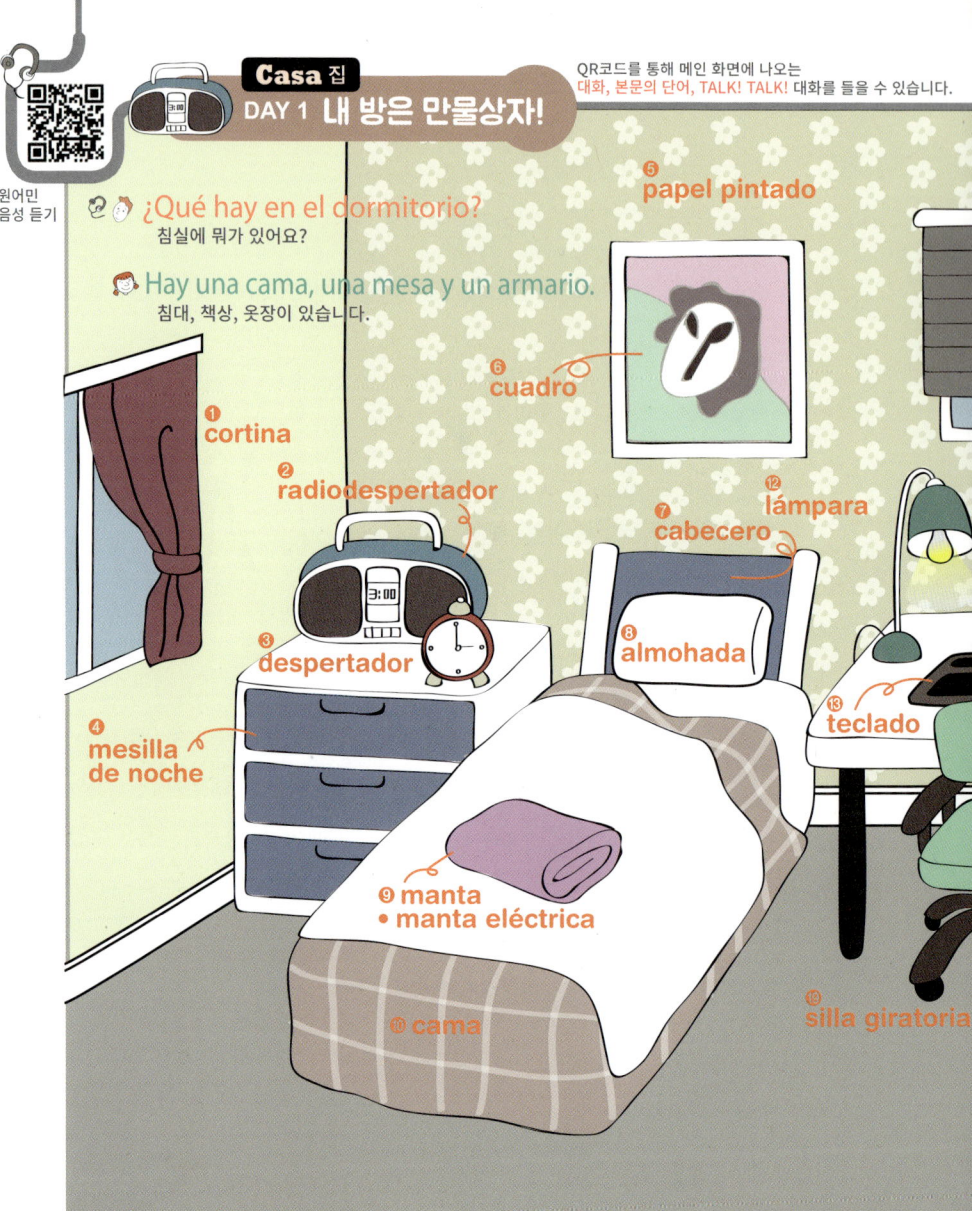

① **cortina** 커튼
꼬르띠나
• Cierre la **cortina**, por favor.
커튼을 닫아 주세요.

③ **despertador** 자명종 시계
데스뻬르따도르
Poner el despertador.
알람을 맞추다.

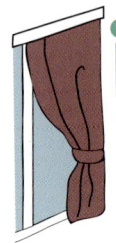

② **radiodespertador** 라디오 시계
라디오데스뻬르따도르

⑤ **papel pintado**
빠뻴 삔따도
벽지

④ **mesilla de noche** 침실용 탁자
메시야 데 노체

⑥ **cuadro** 그림
꾸아드로

⑧ **almohada** 베개
알모아다

⑦ **cabecero** 침대 헤드보드
까베쎄로

⑨ **manta** 담요
만따
• Esta **manta** es suave. 이 담요는 부드럽다.
manta eléctrica 전기담요

⑩ **cama** 침대
까마
• A ella le gusta leer libros en la **cama**.
그녀는 침대에서 책 읽는 것을 좋아합니다.

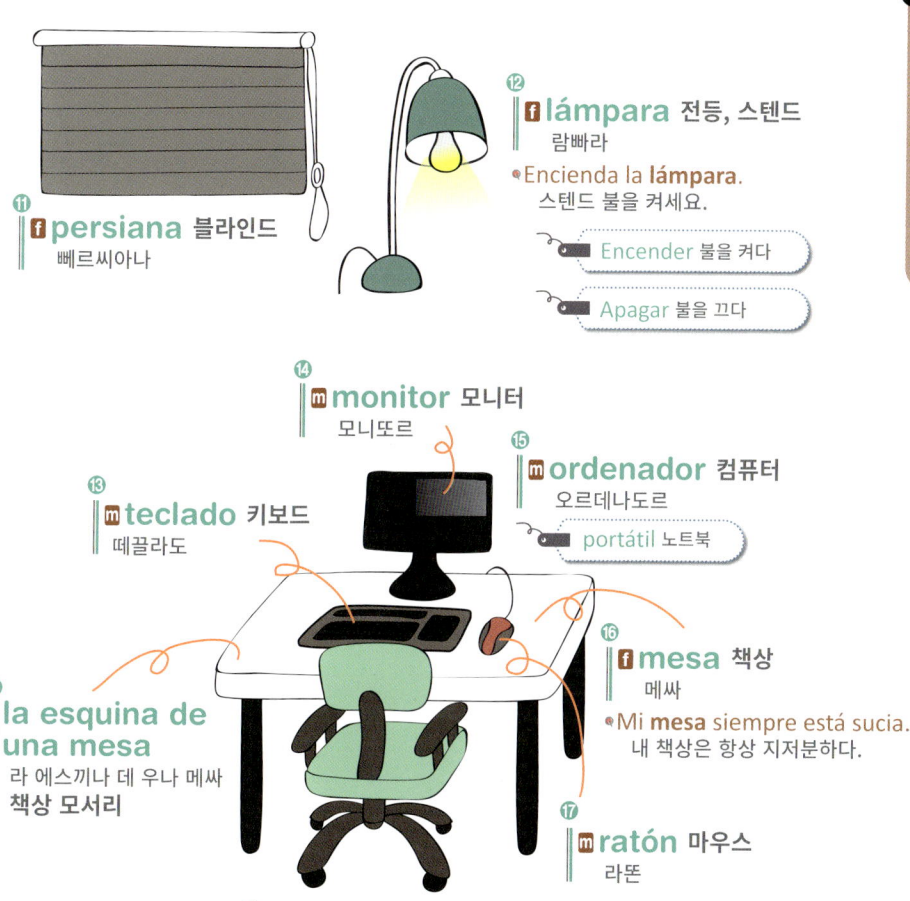

⑳ m pomo 손잡이
뽀모

pomo de armario 옷장 손잡이

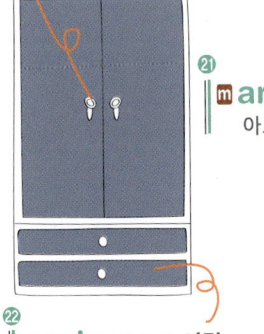

㉑ m armario 옷장
아르마리오

㉒ f cajonera 서랍
까호네라

• Ella puso la ropa en la **cajonera**.
그녀는 서랍에 옷을 넣었다.

㉓ f alfombra 카펫
알폼브라

• Esta **alfombra** es de Turquía.
이 카펫은 터키산입니다.

㉔ m joyero 보석함
호예로

㉕ m espejo 거울
에스뻬호

• Él está delante del **espejo**.
그는 거울 앞에 섰다.

관련 어휘

- 휴지통 **cubo de basura** 꾸보 데 바쑤라
- 실내화 **zapatillas** 싸빠띠야스
- 연기 탐지기 **detector de humo** 데떽또르 데 우모
- 텔레비전 **televisión** 뗄레비씨온
- 흔들의자 **silla mecedora** 씨야 메쎄도라
- 안락의자 **sillón** 씨욘
- 화장대 **tocador** 또까도르

집을 구성하는 단어들

- 침실 **dormitorio** 도르미또리오
- 욕실 **cuarto de baño** 꾸아르또 데 바뇨
- 부엌 **cocina** 꼬씨나
- 식당 **comedor** 꼬메도르
- 거실 **salón** 쌀론
- 세탁실 **lavadero** 라바데로
- 지하실 **sótano** 쏘따노
- 다락방 **ático** 아띠꼬
- 발코니 **balcón** 발꼰
- 주차장 **garaje** 가라헤
- 우편함 **buzón** 부손

침대에서 사용하는 침구 종류

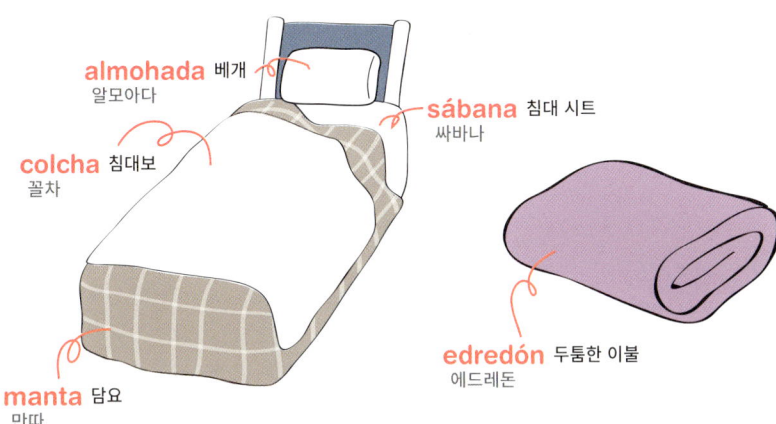

almohada 베개
알모아다

sábana 침대 시트
싸바나

colcha 침대보
꼴차

edredón 두툼한 이불
에드레돈

manta 담요
만따

- ¿Qué hay en el dormitorio?
  께 아이 엔 엘 도르미또리오

- Hay una cama, una mesa y un armario.
  아이 우나 까마 우나 메사 이 운 아르마리오

- ¿También hay ordenador?
  땀비엔 아이 오르데나도르

- Claro que sí.
  끌라로 께 씨

- 침실에 뭐가 있어요?
- 침대, 책상, 옷장이 있습니다.
- 컴퓨터도 있어요?
- 물론이죠.

TalkTalk Tip

¿Hay televisión en el dormitorio?
방에 텔레비전 있어요?
  sillón 안락의자가
  despertador 자명종 시계가

Sí, hay. / No, no hay.
네, 있어요. / 아니요, 없어요.

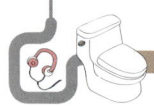

① **espejo** 거울
에스뻬호

② **cepillo de dientes** 칫솔
쎄삐요 데 디엔떼스

③ **vaso del cepillo de dientes** 칫솔 꽂이
바소 델 쎄삐요 데 디엔떼스

• No te olvides de poner el cepillo de dientes en el **vaso del cepillo de dientes**.
칫솔 꽂이에 칫솔 넣는 것을 잊지 마.

④ m **toallero** 수건걸이
또아예로

⑤ f **toalla** 수건
또아야

• Él se secó el pelo con la **toalla**.
그는 수건으로 젖은 머리를 말렸다.

⑧ m **grifo** 수도꼭지
그리포

⑥ m **jabón** 비누
하본

un jabón 비누 한 개

⑦ f **jabonera** 비누 받침대
하보네라

⑨ m **lavabo** 세면대
라바보

desatascador 배관 청소 용구

⑩ **secador de pelo** 헤어드라이기
쎄까도르 데 뻴로

• Tenga cuidado cuando usa el **secador de pelo** en el cuarto de baño.
욕실에서 헤어드라이기를 사용할 때 조심하세요.

⑪ m **enchufe** 콘센트
엔추페

⑫ m **papel higiénico**
빠뻴 이히에니꼬
롤 휴지

⑬ **escobilla de váter**
에스꼬비야 데 바떼르
변기 솔

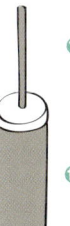

⑭ **portaescobilla de váter**
뽀르따에스꼬비야 데 바떼르
변기 솔 꽂이

⑮ **cubo de basura** 휴지통
꾸보 데 바쑤라

• El **cubo de basura** está lleno de basura.
휴지통이 쓰레기로 가득 찼다.

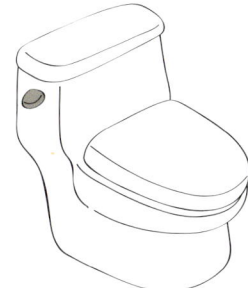

⑯ **tapa de váter** 변기 뚜껑
따빠 데 바떼르

• Antes de tirar de la cadena cierre la **tapa de váter**.
물을 내리기 전에 변기 뚜껑을 닫아 주세요.

⑰ m **váter** 변기
바떼르

• Él tiró de la cadena de **váter** y volvió a su dormitorio.
그는 변기에 물을 내리고 침실로 돌아갔다.

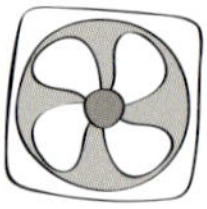

⑲ **barra para cortina de ducha**
바라 빠라 꼬르띠나 데 두차
샤워 커튼 봉

㉑ m **ventilador** 환풍기
벤띨라도르
　　ventilador 냉각팬

⑱ f **ducha** 샤워기
두차
- La **ducha** está rota.
  샤워기가 고장 났다.
　　ducharse 샤워하다

⑳ **anilla para cortina de ducha**
아니야 빠라 꼬르띠나 데 두차
샤워 커튼 고리

㉒ f **esponja** 스펀지
에스뽕하
　　esponja mojada
　　젖은 스펀지

㉓ f **bañera** 욕조
바녜라
- Llene la mitad de la **bañera**.
  욕조를 반 정도 채워 주세요.

㉔ **cortina de ducha** 샤워 커튼
꼬르띠나 데 두차

관련 어휘

- 전동 칫솔 cepillo de dientes eléctrico 쎄삐요 데 디엔떼스 엘렉뜨리꼬
- 고무 매트 alfombrilla de goma 알폼브리야 데 고마
- 욕조용 매트 alfombrilla de baño 알폼브리야 데 바뇨 ﾠ 저울 balanza 발란사
- 하수도 alcantarilla 알깐따리야 ﾠ 샴푸 champú 챰뿌
- 컨디셔너 acondicionador 아꼰디씨오나도르 ﾠ 바디 클렌져 gel de ducha 헬 데 두차
- 바디 로션 loción corporal 로씨온 꼬르뽀랄 ﾠ 변기 청소 용구 desatascador 데사따스까도르

수건의 용도에 따른 명칭

Toalla para manos
또아야 빠라 마노스
손 닦는 수건

Toalla para cara
또아야 빠라 까라
얼굴 수건

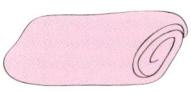
Toalla de baño
또아야 데 바뇨
목욕 수건

- **Estoy cansada. Voy a ducharme.**
  에스또이 깐사다 보이 아 두차르메

- **Te llenaré agua caliente en la bañera.**
  떼 예나레 아구아 깔리엔떼 엔 라 바녜라

- **Gracias.**
  그라씨아스

- **No te olvides de encender el ventilador depués del baño.**
  노 떼 올비데스 데 엔쎈데르 엘 벤띨라도르 데스뿌에스 델 바뇨

- **Vale.**
  발레

- 너무 피곤해. 샤워해야겠어
- 내가 따뜻한 물 욕조에 받아 줄게.
- 고마워.
- 목욕하고 환풍기 켜는 거 잊지 마.
- 응, 그렇게.

> **TalkTalk Tip**
> **Tengo que ir al baño.** 나 화장실 가야 해.
> **lavarme la cara.** 세수해야 해.
> **cepillarme.** 양치해야 해.
> **lavarme el pelo.** 머리 감아야 해.

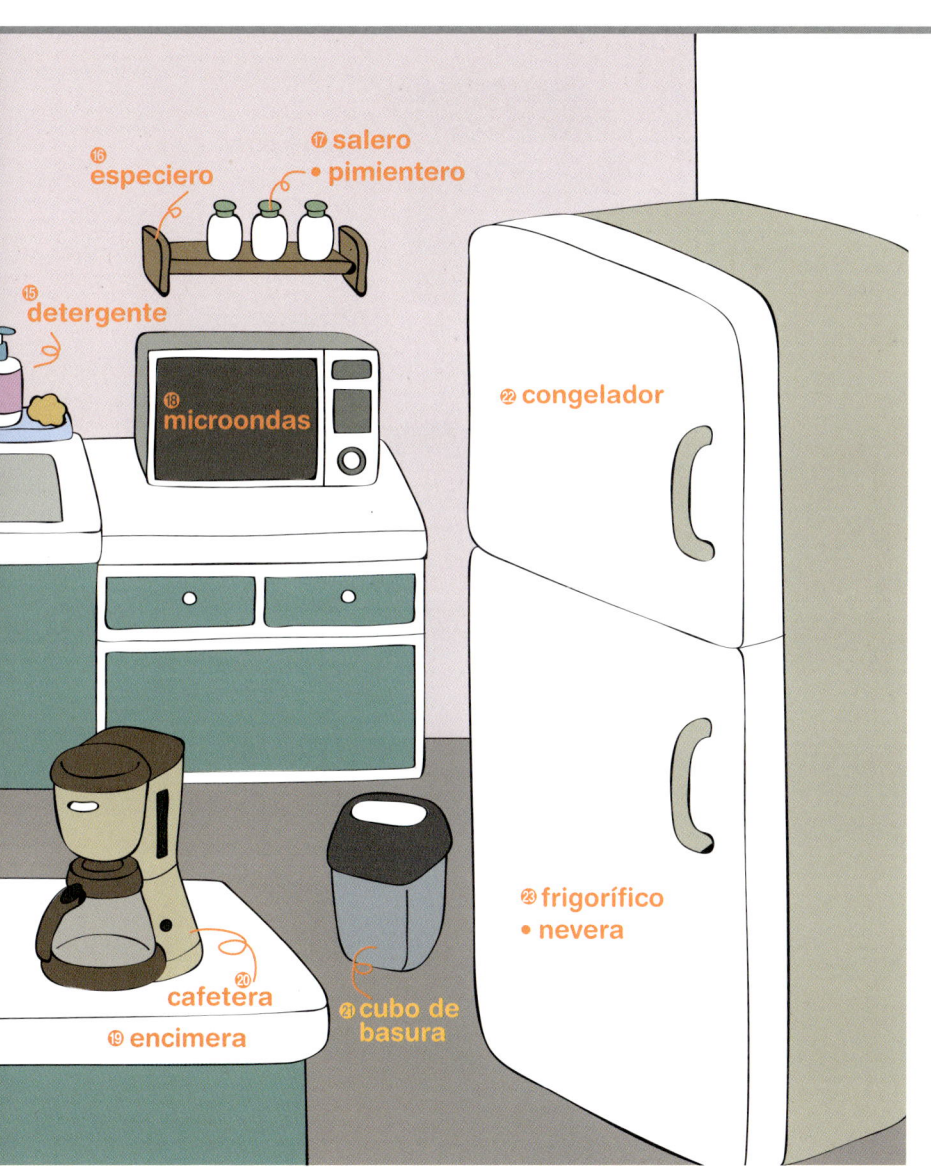

❶ f tetera 주전자
떼떼라

tetera eléctrica 전기 주전자

❷ cocina de gas
꼬씨나 데 가스
가스레인지

cocina eléctrica 전기레인지

❺ m horno 오븐
오르노

calentar el horno
오븐을 가열하다

❹ armario de cocina
아르마리오 데 꼬씨나
찬장

armarios de cocina
con puertas de cristal
앞면이 유리로 된 찬장

❸ m escurreplatos 식기건조대
에스꾸레쁠라또스

- ¿Me trae un vaso del **escurreplatos**?
  식기건조대에서 컵 좀 가져다주시겠어요?

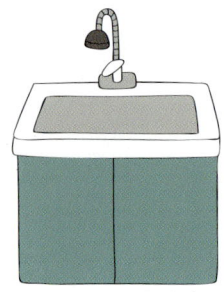

❻ m lavavajillas
라바바히야스
식기세척기

- Ponga los platos sucios en el **lavavajillas**.
  시기세척기에 지지분힌 집시를 넣으세요.

❼ m fregadero 싱크대
프레가데로

- Había platos apilados en
  el **fregadero**.
  접시들이 싱크대에 쌓여 있었다.

⑱ m microondas 전자레인지
미끄로온다스

• ¿Usa el **microondas** con frecuencia?
전자레인지를 자주 사용하세요?

⑲ f encimera 조리대
엔씨메라

⑳ f cafetera 커피메이커
까페떼라

㉑ cubo de basura 휴지통
꾸보 데 바쑤라

㉒ m congelador 냉동실
꽁헬라도르

• Esto hay que guardar en el **congelador**.
이것을 냉동실에 보관해야 합니다.

㉓ m frigorífico 냉장고
프리고리피꼬

f nevera 냉장고
네베라

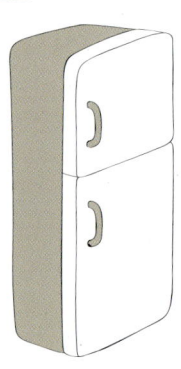

• No hay comida en el **frigorífico**.
냉장고에 먹을 게 없다.

Llenar el frigorífico.
냉장고를 채우다

관련 어휘

- 음식물 쓰레기 처리기 **triturador de basura** 뜨리뚜라도르 데 바쑤라
- 접시 닦는 행주 **trapo de cocina** 뜨라뽀 데 꼬씨나
- 식기세척제 **detergente para lavavajillas** 데떼르헨떼 빠라 라바바히야스
- 종이타올 걸이 **portarrollos de cocina** 뽀르따로요스 데 꼬씨나
- 냄비 **olla** 오야 ◊ 프라이팬 **sartén** 사르뗀 ◊ 양념 **especia** 에스뻬씨아
- 은식기류 **cubierto** 꾸비에르또 ◊ 세트 **juego** 후에고
- 주방장갑 **guantes de cocina** 구안떼스 데 꼬씨나

테이블 세팅

손님을 초대하거나 특별한 날에는 꼬메도르 (comdor)에서 식사를 하게 되는데 이 경우 테이블 세팅하는 방법은 아래와 같아요.

tenedor y cuchara de postre
떼네도르 이 꾸차라 데 뽀스뜨레
디저트용 포크와 숟가락

vaso de agua 물 잔
바쏘 데 아구아

copa de vino 와인 잔
꼬빠 데 비노

plato para pan
쁠라또 빠라 빤
빵 접시

cuchara sopera
꾸차라 쏘뻬라
수프용 숟가락

tenedor para ensaladas
떼네도르 빠라 엔살라다스
샐러드용 포크

cuchillo 식사용 칼
꾸치요

tenedor 식사용 포크
떼네도르

TALK! TALK!

🧑 ¿Cuál es el menú de hoy?
꾸알 에스 엘 메누 데 오이

🥗 Es espagueti. ¿Puedes traerme perejil que está en el especiero?
에스 에스빠게띠 뿌에데스 뜨라에르메 뻬레힐 께 에스따 엔 엘 에스뻬씨에로

🧑 Aquí tiene.
아끼 띠에네

🥗 Gracias. Estará listo en diez minutos.
그라씨아스 에스따라 리스또 엔 디에스 미누또스

TalkTalk Tip

¿Puedes traerme agua? 물 좀 갖다 줄래?
　papel de cocina 종이타올
　un plato 접시
　una cuchara 숟가락

🧑 오늘은 무슨 요리예요?
🥗 스파게티야. 양념통 선반에서 파슬리 좀 갖다 줄래?
🧑 여기 있어요.
🥗 고마워. 10분 정도면 다 돼.

❶ **m cuadro** 그림
꾸아드로
- A mí me gusta ese **cuadro**.
  난 저 그림이 좋습니다.
  - óleo 유화

❷ **f pared** 벽
빠렏
- Hay muchos cuadros en la **pared**.
  벽에 그림들이 많이 걸려 있다.

❸ **f lámpara** 스텐드
람빠라
- Ella encendió la **lámpara**.
  그녀는 스텐드의 스위치를 켰다.
  - lámpara de aceite
    석유 램프

❹ **repisa de chimenea**
레삐사 데 치메네아
벽난로 선반

❺ **f chimenea** 벽난로
치메네아
- ¿Hay **chimenea** en su salón?
  당신의 거실에 벽난로가 있습니까?
  - chimenea de ladrillo/mármol
    벽돌/대리석 난로

❻ **m suelo** 바닥
쑤엘로
- fregar el suelo con fregona.
  바닥을 대걸레로 닦다

❼ **f mecedora** 안락의자
메쎄도라

f butaca 안락의자
부따까

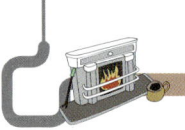

⑱ **m techo** 천장
떼초

● ¿Le gusta la habitación con **techo** alto?
당신은 천장이 높은 방이 좋습니까?

desde el techo hasta el suelo
천장에서 바닥까지

⑲ **f fotografía** 사진
포또그라피아

fotografía blanco y negro
흑백사진

⑳ **m portarretratos** 사진 액자
뽀르따레뜨라또스

㉑ **mesita auxiliar** 작은 탁자
메씨따 아욱씰리아르

㉒ **pantalla de lámpara** 램프 갓
빤따야 데 람빠라

㉓ **f alfombra** 양탄자
알폼브라

alfombra oriental 오리엔탈 러그

㉕ **m sofá** 소파, 긴 의자
소파

㉖ **lámpara de pie**
람빠라 데 삐에
플로어 스텐드

㉔ **mesa de centro**
메싸 데 쎈뜨로
커피 테이블

encender la luz 전등을 켜다

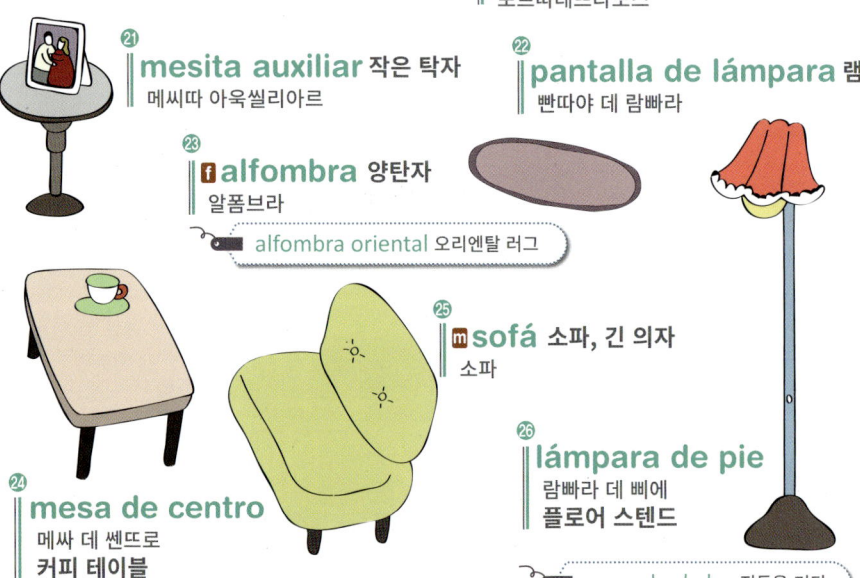

관련 어휘

- 스테레오 시스템 sistema estéreo 시스떼마 에스떼레오 § 스피커 altavoz 알따보스
- 벽난로 칸막이 pantalla para chimenea 빤따야 빠라 치메네아 § 카펫 alfombra 알폼브라
- 쿠션 cojín 꼬힌 § 책장 estantería 에스딴떼리아 § 꽃병 florero 플로레로
- 휴지통 cubo de basura 꾸보 데 바쑤라 § 잡지꽂이 revistero 레비스떼로
- 리클라이너 의자 butaca reclinable 부따까 레끌리나블레
- 벽난로 선반 repisa de chimenea 레삐사 데 치메네아

벽난로와 관련된 물건들의 명칭

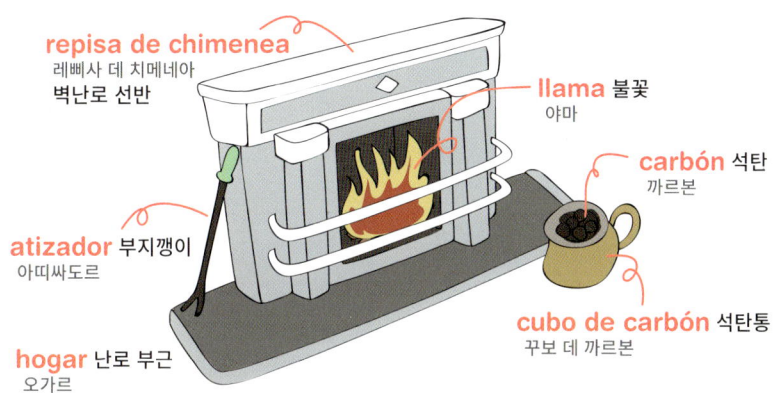

repisa de chimenea
레삐사 데 치메네아
벽난로 선반

llama 불꽃
야마

carbón 석탄
까르본

atizador 부지깽이
아띠싸도르

cubo de carbón 석탄통
꾸보 데 까르본

hogar 난로 부근
오가르

TALK! TALK!

- ¿Qué está haciendo?
  께 에스따 아씨엔도
- Estoy limpiando el salón.
  에스또이 림삐안도 엘 살론
- ¿Necesita ayuda?
  네쎄씨따 아유다
- ¿Puedes regar las plantas?
  뿌에데스 레가르 라스 쁠란따스
- Vale.
  발레

- 뭐 해요?
- 거실 청소하는 중이야.
- 뭐 도울 거 있나요?
- 식물에 물 좀 줄래?
- 알겠어요.

TalkTalk Tip

Estoy mirando la televisión. 저는 TV 보는 중입니다
 leyendo un libro. 책 읽는
 haciendo la cena. 저녁 식사 준비하는

❷ agente de préstamos 대출상담원
아헨떼 데 쁘레스따모스

* El **agente de préstamos** informó que el tipo de interés es el más importante en el préstamo.
  대출상담원이 대출에서 가장 중요한 것은 금리라고 알려 주었다.

❶ tasa de cambio 환율
따사 데 깜비오

 la fluctuación en el tipo de cambio 환율 변동

❸ mostrador de préstamos
모스뜨라도르 데 쁘레스따모스
대출상담창구

❹ empleado de banco (남)은행원
엠쁠레아도 데 방꼬

empleada de banco (여)은행원
엠쁠레아다 데 방꼬

* Los **empleados de banco** necesitan velocidad y exactitud.
  은행원들은 빠른 속도와 정확함을 필요로 한다.

❺ 🆓 libreta 통장
리브레따

🆓 cartilla 통장
까르띠야

* Hay que guardar la **libreta** en un sitio seguro.
  통장은 안전한 곳에 보관해야 한다.

 Actualizar libreta
통장을 정리하다

❻ tarjeta de crédito 신용카드
따르헤따 데 끄레디또

tarjeta de débito 현금직불카드
따르헤따 데 데비또

* Su **tarjeta de crédito** ya no es válida.
  당신의 신용카드는 더 이상 유효하지 않습니다.

❼ hoja de retiro 예금 청구서
오하 데 레띠로

* El cajero confirmó la firma de la **hoja de retiro**.
  은행 직원이 예금 청구서에 있는 사인을 확인했다.

 la fima de la hoja de retiro
예금 청구서에 있는 서명

⑧ cheque 수표
체께

- Él me dio doscientos mil euros en **cheque**.
  그가 나에게 수표로 이십만 유로를 주었다.

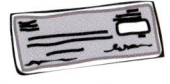

> cobrar un cheque
> 수표를 현금을 바꾸다

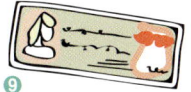

⑨ cheque de viajero 여행자수표
체께 데 비아헤로

- ¿Podría cambiar los **cheques de viajero** aquí?
  여행자수표를 여기서 현금으로 바꿀 수 있을까요?

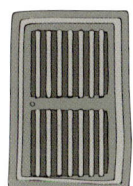

⑩ cámara acorazada 금고
까마라 아꼬사다

- Casi todo el dinero estaba guardado en la **cámara acorazada**.
  대부분의 돈은 은행 금고에 보관 되어 있었다.

> cámara acorazada segura 안전한 금고

⑪ caja de seguridad 안전 금고
까하 데 쎄구리닫

- Se puede alquilar **caja de seguridad** en el banco para guardar objetos valiosos.
  귀중품을 보관할 수 있는 안전 금고를 은행에서 빌릴 수 있다.

> entrar un ladrón en la caja de seguridad
> 안전 금고에 도둑이 들다

⑫ ATM (cajero automático) 자동현금입출금기
아떼에메 (까헤로 아우또마띠꼬)

- **ATM** significa cajero automático.
  ATM은 자동현금입출금기를 말한다.

> retirar(sacar) dinero del cajero automático
> 현금인출기에서 돈을 인출하다

⑬ cliente 고객
끌리엔떼

⑭ **hoja de depósito** 예금 전표
오하 데 데뽀씨또

● ¿Podría rellenar la **hoja de depósito**?
예금 전표를 작성해 주시겠습니까?

⑮ **guardia de seguridad** 보안 요원 | **guardia** 경비원
구아르디아 데 쎄구리닫

● El **guardia de seguridad** protege el banco y garantiza la seguridad de los clientes.
보안 요원은 은행을 보호하고 은행 고객들의 안전을 보장한다.

▸ guadia de seguridad nocturno 야간 경비원

관련 어휘

- 예금하다 **depositar dinero** 데뽀씨따르 디네로 ▸ 인출하다 **sacar dinero** 사까르 디네로
- 수표를 현금으로 바꾸다 **cobrar un cheque** 꼬브라르 운 체께
- 여행자수표를 받다 **recibir cheque de viajero** 레씨비르 체께 데 비아헤로
- 계좌를 만들다/열다 **abrir una cuenta** 아브리르 우나 꾸엔따
- 대출을 신청하다 **pedir un préstamo** 뻬디르 운 쁘레스따모

주요 국가 통화 단위

나라 이름	통화	표기
미국	달러	USD
일본	엔	JYP
중국	위안	CNY
유로	유로	EUR
영국	파운드	GBP
홍콩	달러	HKD
캐나다	달러	CAD

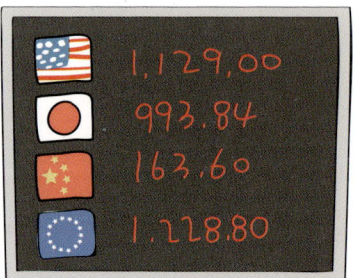

스페인 은행의 일반적인 예금의 종류

cuenta de ahorro 보통예금
꾸엔따 데 아오로
우리나라 입출금 전용 통장과 비슷해요.

cuenta corriente 당좌예금
꾸엔따 꼬리엔떼
개인 수표를 사용할 수 있는 계좌로 일정 금액 이상을 유지하고 있어야 해요.
계좌를 개설할 때 수표 책 (Check book)을 무료로 발급해 주기도 합니다.

TALK! TALK!

🧑‍🦰 Buenos días. ¿En qué le puedo ayudar?
부에노스 디아스 엔 께 레 뿌에도 아유다르

👦 Quisiera abrir una cuenta.
끼시에라 아브리르 우나 꾸엔따

🧑‍🦰 Rellene este formulario y su tarjeta de identidad, por favor.
레예네 에스떼 포르물라리오 이 수 따르헤따 데 이덴띠닫 뽀르 파보르

👦 Vale.
발레

🧑‍🦰 좋은 아침입니다. 무엇을 도와 드릴까요?
👦 계좌를 만들고 싶습니다.
🧑‍🦰 이 서류를 작성해 주시고 신분증 좀 주십시오.
👦 알겠습니다.

TalkTalk Tip

Quisiera reservar una mesa para dos.
두 사람을 위한 테이블을 예약하고 싶습니다.

una habitación para una noche.
하룻밤 묵을 방

① **f enfermera** (여) 간호사
엔페르메라

m enfermero (남) 간호사
엔페르메로

② **ficha médica** 의료 차트
피차 메디까

③ **dolor de espalda**
돌로르 데 에스빨다
요통

④ **m f paciente**
빠씨엔떼
환자

⑤ **dolor de cabeza** 두통
돌로르 데 까베싸
- Hoy tengo **dolor de cabeza** todo el día.
  오늘 하루 종일 두통이 있다.

 pastilla para dolor de cabeza
두통약

⑥ **m consultorio**
꼰술또리오
진찰실

⑦ **dolor de muelas** 치통
돌로르 데 무엘라스
- Hay que ir al dentista si uno tiene **dolor de muelas**.
  치통으로 고통을 받는다면 치과에 가야 한다.

⑨ **picadura de insecto**
삐까두라 데 인섹또
곤충 자상
- Tengo **picadura de insecto** en el brazo.
  팔에 곤충 자상이 있다.

 pomada para picadura de insecto
곤충 자상용 연고

⑧ **dolor de garganta** 인후염
돌로르 데 가르간따

causar dolor de garganta
인후염을 유발하다

⑩ **f quemadura** 화상
께마두라
sufrir quemaduras 화상을 입다

⑪ **dolor de oídos**
돌로르 데 오이도스
귀통증
otitis 귀 염증

⑫ **f fiebre** 열
피에브레
fiebre alta 고열

⑬ **compresa fría**
꼼쁘레사 프리아
얼음주머니

⑭ **m escalofrío** 오한
에스깔로프리오

⑮ **f tos** 기침
또스

• ¿Cómo paro la **tos** por la noche?
밤에 기침을 멈추려면 어떻게 해야 합니까?

toser violentamente 심하게 기침하다

• Si tiene fiebre alta provoca **escalofrío**.
고열이 있으면 오한이 생깁니다.

⑯ **mocos** 콧물   **goteo nasal** 콧물
모꼬스   고떼오 나살

• El **goteo nasal** muestra un aumento de distracción.
콧물은 집중력을 흐트러뜨린다.

⑰ **hemorragia nasal** 코피
에모라히아 나살

sufrir hemorragia nasal
코피가 나다

⑲ erupción cutánea 발진
에룹씨온 꾸따네아

grano 뽀루지
그라노

erupción alérgica
알레르기성 발진

⑱ dolor de estómago
돌로르 데 에스또마고
위통, 복통

- Casi toda la gente experimentan alguna vez el **dolor de estómago**.
거의 모든 사람이 한 번쯤은 복통을 경험한 적이 있다.

⑳ sala de espera 대기실
쌀라 데 에스뻬라

- Hay muchos pacientes en la **sala de espera**.
대기실에 환자들이 많이 있다.

관련 어휘

- 물집 **ampolla** 암뽀야 • 수포 **vesícula** 베씨꿀라 • 충치 **caries** 까리에스
- 감기 **resfriado** 레스프리아도 • 감염 **infección** 인펙씨온 • 딸국질 **hipo** 이뽀
- 경련/쥐 **calambre** 깔람브레 • 설사 **diarrea** 디아레아
- 가슴 통증 **dolor de pecho** 돌로르 데 뻬초 • 목 결림 **dolor de cuello** 돌로르 데 꾸에요
- 숨가쁨 **falta de aliento** 팔따 데 알리엔또 • 사마귀 **verruga** 베루가

의사 명칭

- 내과의사 **internista** 인떼르니스따 • 치과의사 **dentista** 덴띠스따
- 치과위생사 **higienista dental** 이히에니스따 덴딸 • 산과의사 **obstetra** 옵스떼뜨라
- 부인과의사 **ginecólogo(a)** 히네꼴로고(가) • 소아과의사 **pediatra** 뻬디아뜨라
- 심장병 전문의 **cardiólogo(a)** 까르디올로고(가) • 검안사 **optómetra** 옵또메뜨라
- 외과의사 **cirujano(a)** 씨루하노(나) • 정신과의사 **psiquiatra** 씨끼아뜨라

DAY 6 Hospital 병원

> dolor는 '아픔, 통증'이라는 뜻으로 신체 부위 명칭과 함께 쓰면 증상을 설명할 수 있어요

dolor de 돌로르 데 **+**
- cabeza 까베싸
- oídos 오이도스
- muelas 무엘라스
- estómago 에스또마고
- espalda 에스빨다

=
- dolor de cabeza 돌로르 데 까베싸 두통
- dolor de oídos 돌로르 데 오이도스 귀통증
- dolor de muelas 돌로르 데 무엘라스 치통
- dolor de estómago 돌로르 데 에스또마고 복통
- dolor de espalda 돌로르 데 에스빨다 요통

🗨️ ¿Cuáles son sus síntomas?
꾸알레스 손 수스 씬또마스

🗨️ Me duele la garganta.
메 둘엘레 라 가르간따

🗨️ Pues, voy a tomarle la temperatura.
뿌에스 보이 아 또마를레 라 뗌뻬라뚜라

🗨️ 증상이 어떠신가요?
🗨️ 목이 아픕니다.
🗨️ 그럼, 열 좀 잴게요.

TalkTalk Tip

Tengo mocos 콧물이 납니다.
      dolor de oídos 귀가 아픕니다.
      quedadura 화상을 입었습니다.
      gripe 독감에 걸렸습니다.

리스타트 스페인어 단어장 43

❶ m restaurante
레스따우란떼
식당, 레스토랑

- Nosotros comimos en el **restaurante** del hotel.
  우리는 호텔 레스토랑에서 저녁을 먹었다.

> restaurante atestado 혼잡한 식당

❷ m gimnasio 체육관
힘나씨오

- El **gimnasio** está disponible para todo el cliente.
  모든 손님들은 체육관을 이용할 수 있다.

❸ f piscina 수영장
삐스씨나

> piscina al aire libre
> 야외 수영장

❹ salas de reuniones 회의실
살라스 데 레우니오네스

- Nosotros ofrecemos varios tipos de **salas de reuniones**.
  우리는 다양한 종류의 회의실을 제공하고 있습니다.

> Puede reservar la sala de reuniones
> 회의실을 예약할 수 있다.

❻ m pasillo 복도
빠씨요

- No corra en los **pasillos**.
  복도에서 뛰지 마십시오.

❼ f camarera
까마레라
객실 청소 매니저

❺ m ascensor
아스쎈소르
엘리베이터

- Nosotros cogimos el **ascensor** hasta el lounge.
  우리는 라운지까지 엘리베이터를 탔다.

❽ carro de limpieza
까로 데 림삐에싸
객실 관리 카트

⑨ m vestíbulo 로비
베스띠불로
- Ella esperó a su amigo en el **vestíbulo**.
  그녀는 로비에서 친구를 기다렸다.

entrada de vestíbulo 현관 로비

⑫ carro portamaletas
까로 뽀르따말레따스
(여행용 짐) 카트

carro portamaletas totalmente cargado
짐을 가득 실은 카트

⑩ servicio de habitaciones
세르비씨오 데 아비따씨오네스
룸서비스

⑪ m botones 벨보이, 급사
보또네스
- El **botones** me trajo las maletas a la habitación.
  벨보이가 내 가방을 방으로 가져다주었다.

⑬ m equipaje 여행용 짐가방
에끼빠헤

f maleta 여행용 짐가방
말레따

⑭ tienda de regalos 선물 가게
띠엔다 데 레갈로스

⑮ m f cliente 손님
끌리엔떼

- Los **huéspedes** pueden disfrutar de bebidas gratuitas en el bar.
  호텔 손님들은 바에서 무료 음료를 즐기실 수 있습니다.

m f huésped 숙박객
우에스뻬드

> lista de clientes 손님 명단

⑯ llave de habitación 방 열쇠
야베 데 아비따씨온

- ¿Podría darnos una **llave** más?
  여분의 방 열쇠를 받을 수 있을까요?

> dejarse la llave en la habitación
> 방에 열쇠를 두고 오다

⑰ f recepción 안내 데스크
레쎕씨온

- Llame a la **recepción** cuando tenga problema.
  문제가 있으면 호텔 안내 데스크에 전화해 주십시오.

⑱ m f recepcionista 접수 담당자
레쎕씨오니스따

> cargo de recepcionista 접수 담당자의 임무

관련 어휘

- 문지기 **portero(a)** 뽀르떼로(라) ◈ 대리 주차 **aparcacoches** 아빠르까꼬체스
- 객실 **cuarto de huéspedes** 꾸아르또 데 우에스뻬데스 ◈ 일인용 침대 **cama individual** 까마 인디비두알
- 킹 사이즈 침대 **cama king-size** 까마 킹싸이즈 ◈ 연체료 **cargo por tardío** 까르고 뽀르 따르디오
- 청구서 **factura** 팍뚜라 ◈ 정문 **entrada principal** 엔뜨라다 쁘린씨빨

호텔 이용할 때 필요한 몇 가지 팁

depósito 보증금
데뽀시또
호텔에 따라 체크인할 때 보증금을 내고 체크아웃할 때 돌려받는 곳도 있어요.

equipo de la amenidad 객실 편의용품
에끼뽀 데 라 아메니닫
호텔 투숙객을 위해 비치해 놓은 각종 편의물품으로 날마다 혹은 하루 걸러 새것으로 바꿔 줘요.

servicio de habitaciones 룸서비스
세르비씨오 데 아비따씨오네스
아침에 늦잠을 자느라 조식을 못 먹었을 경우 룸서비스로 도시락을 받을 수 있는데, 호텔에 따라 금액을 지급해야 하는 곳도 있어요.

TALK! TALK!

🧑 Buenas tardes. ¿En qué puedo ayudarle?
부에나스 따르데스 엔 께 뿌에도 아유다를레

👒 Tengo una reserva a nombre de Jung.
땡고 우나 레세르바 마 놈브레 데 중

🧑 ¿Cómo se deletrea?
꼬모 세 델레뜨레아

👒 Sí. Es J U N G.
씨 에스 호따 우 에네 헤

🐦 안녕하세요. 어떻게 도와 드릴까요?
👒 정이라는 이름으로 예약했어요.
🐦 철자를 말씀해 주시겠어요?
👒 네. J-U-N-G입니다.

TalkTalk Tip
Tengo una reserva a nombre de Frank.
프랭크 이름으로 예약했습니다.
Carlos 까를로스
Laura 라우라

Servicios 서비스

DAY 8 선택 장애 오기 쉬운 그곳_Coffee Shop

¡Buenos días! ¿Qué le gustaría pedir?
좋은 아침입니다. 주문하시겠어요?

¿Me pone un café con hielo?
아이스 커피 한 잔 주시겠어요?

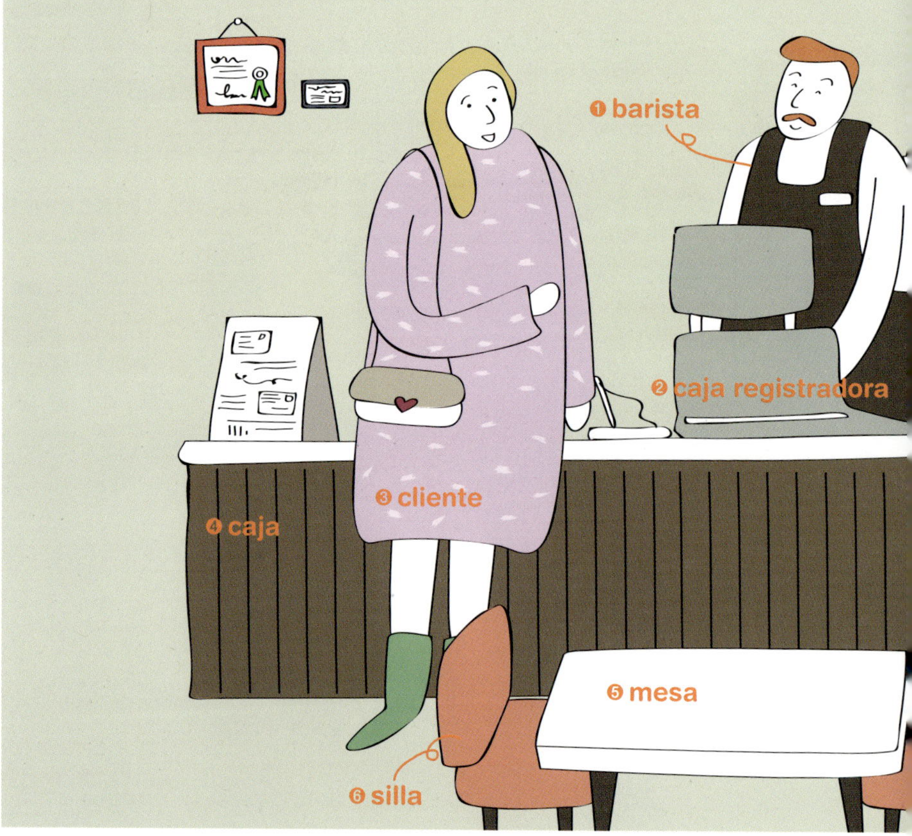

❶ barista
❷ caja registradora
❸ cliente
❹ caja
❺ mesa
❻ silla

❶ **m f barista** 바리스타
바리스따
- A mí me gusta el café que hace ese **barista**.
  난 저 바리스타가 내려주는 커피를 좋아한다.

❷ **f caja registradora** 금전 등록기
까하 레히스뜨라도라

❹ **f caja** 계산대
까하
- Una mujer está pidiendo **café** en la caja.
  한 여성이 계산대에서 커피를 주문하고 있다.

❸ **m f cliente** 손님
끌리엔떼
- Es importante recordar al **cliente**.
  단골손님을 기억하는 것은 중요하다.

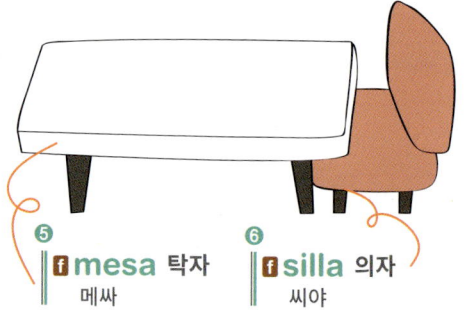

❺ **f mesa** 탁자
메싸

❻ **f silla** 의자
씨야

❼ **f menú** 메뉴
메누

❽ **café solo** 에스프레소
까페 쏠로

⑨ **café cappuchino** 카푸치노
까페 까뿌치노

⑩ **café americano** 아메리카노
까페 아메리까노

¿Me pone un **café americano**?
아메리카노 한 잔 주시겠습니까?

un café americano 아메리카노 한 잔

⑪ **café mocha** 모카
까페 모까

Los cafés especiales como el **café mocha** es popular hoy en día.
카페 모카가 인기 있는 커피 음료가 되어 가고 있다.

⑫ **café con leche** 카페 라떼
까페 꼰 레체

formas de preparar el café con leche
카페 라떼 만드는 법

⑬ **flat white** 플랫 화이트
플랏 와이트

⑮ **azúcar** 설탕
아쑤까르

azúcar moreno 흑설탕

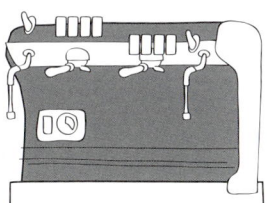

⑯ **manga de café**
망가 데 까페
커피 슬리브

⑭ **máquina de café** 커피 기계
마끼나 데 까페

⑰ **palito de café** 커피 스틱
빨리또 데 까페

palitos de madera para café
나무로 만든 커피 스틱

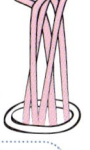

⑱ **f pajita** 빨대, 음료용 빨대
빠히따

pajita de plástico 플라스틱 빨대

⑲ **crema para café**
끄레마 빠라 까페
커피 크림

⑳ **mermelada de fresa** 딸기잼
메르멜라다 데 프레사

• Ella me dio una **mermelada de fresa** casera en botella.
그녀는 나에게 집에서 만든 딸기잼 한 병을 주었다.

㉑ **queso crema** 크림치즈
께소 끄레마

queso crema suave e intenso
깊고 부드러운 크림치즈

㉒ **agua mineral** 생수
아구아 미네랄

㉓ **medialuna** 크루아상
메디아루나

medialuna recién horneada
갓 구운 크루아상

㉔ f **magdalena** 머핀
막달레나

• ¿Qué **magdalena** le gusta más? ¿De arándano o de chocolate?
블루베리와 초콜릿 머핀 중에 어떤 것이 좋습니까?

hornear magdalena 머핀을 굽다

㉕ **bagel** 베이글
베이겔

• A mi familia le gusta **bagel** de cebolla.
우리 가족은 양파맛 베이글을 좋아한다.

㉖ **pretzel** 프레즐
프렛쎌

㉗ m **escaparate** 진열장
에스까빠라떼

관련 어휘

§ 음료 bebida 베비다 § 녹차 té verde 떼 베르데 § 홍차 té 떼 § 허브차 infusión 인푸씨온
§ 과일 주스 zumo de fruta 쑤모 데 프루따 § 스무디 batido 바띠도

스**스에서는 사이즈를 이렇게 구분해요

extragrande
엑스뜨라그란데
특대의

grande
그란데
큰

medio/ regular
메디오/ 레굴라르
중간의

pequeño
뻬께뇨
작은

alto
알또
작은

grande
그란데
중간의

venti
벤띠
큰

trenta
뜨렌따
특대의

🗨 ¡Buenos días! ¿Qué le gustaría pedir?
  부에노스 디아스 께 레 구스따리아 뻬디르

🗨 ¿Me pone un café con hielo?
  메 뽀네 운 까페 꼰 이엘로

🗨 ¿Qué tamaño quiere?
  께 따마뇨 끼에레

🗨 Regular, por favor.
  레굴라르 뽀르 파보르

🗨 좋은 아침입니다. 주문하시겠어요?
🗨 아이스 커피 한 잔 주시겠어요?
🗨 사이즈는 뭘로 해 드릴까요?
🗨 보통으로 해 주세요.

TalkTalk Tip

¿Me pone **un café con leche caliente**?
뜨거운 라떼 주시겠어요?
  una magdalena de arándano 블루베리 머핀
  un bagle con queso crema 크림치즈와 베이글

* 스페인에서 아이스 아메리카노를 주문하면 커피와 얼음이 든 컵을 따로 줍니다.

Servicios 서비스

DAY 9 불타는 금요일, 오늘은 내가 쏜다!

¡Hola! ¿Qué le pongo?
안녕하세요. 무엇을 드릴까요?

Póngame una cerveza rubia. ¿Cuánto le debo?
라거 맥주 한잔 주세요. 얼마 드려야 하나요?

❹ cerveza en botella
❶ camarero(a) (de la barra)
❺ cerveza en lata
❻ whisky
❼ servilleta
❽ picoteo
❸ barril
❷ camarero(a)
❾ bar

❶ m whisky 위스키
위스끼

❷ camarero(a) 종업원
까마레로(라)

❸ m barril 배럴, 통
바릴

❹ cerveza en botella
쎄르베싸 엔 보떼야
병맥주

- Él bebió una **botella de cerveza** de la nevera.
  그는 냉장고에서 병맥주를 마셨다.

❺ cerveza en lata
쎄르베싸 엔 라따
캔맥주

❻ camarero(a) (de la barra) 바텐더
까마레로 (라) (델 라 바라)

- 스페인 몇몇 군데에서는 barman이라고도 부릅니다.

barman 바텐더
바르만

- El camarero vino a tomar pedido.
  바텐더가 주문을 받으러 왔다.

❼ f servilleta 냅킨
세르비예따

- Ella se limpió la boca con la **servilleta** después de comer hamburguesa.
  그녀는 햄버거를 먹고 냅킨으로 입을 닦았다.

⑧ **picoteo** 스낵
삐꼬떼오

picoteo gratuito 무료 바 스낵

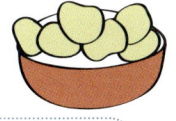

⑨ **bar** 바
바르

• Hay diferentes tipos de cerveza de barril y cerveza en botella en el **bar**.
바에는 다양한 생맥주와 병맥주가 있다.

⑩ **dardo** 다트
다르도

⑪ (cerveza de un grifo) **caña**
(쎄르베싸 데 운 그리포) 까냐
(꼭지에서 따른) **맥주**

• ¿Qué tipo **caña** tiene?
맥주는 어떤 종류가 있나요?

⑫ **baño** 화장실
바뇨

servicio 화장실
쎄르비씨오

baños públicos 공중 화장실

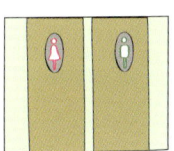

⑬ **posavasos** 컵 받침
뽀사바소스

⑭ **cerveza de barril** 생맥주
쎄르베싸 데 바릴

• La **cerveza de barril** está a mitad de precio hasta las siete.
생맥주가 저녁 일곱 시까지 반값이다.

⑮ **sobrio(a)** 술 취하지 않은
소브리오(아)

• Le diremos **sobre** este asunto cuando usted esté sobrio.
우리는 당신이 술 취하지 않았을 때 이 문제에 대해 이야기하겠어요.

⑯ **m f cliente** 고객
끌리엔떼

🏷 cliente 단골손님

⑰ **m cóctel** 칵테일
꼭뗄

- Ofrecemos a los clientes vino y **cóctel** como bebida de bienvenidos.
  손님들에게 환영 음료로 와인과 칵테일이 제공된다.

⑱ **emborracharse** 취하다
엠보라차르세

- El taxista fue detenido por conducir ebrio.
  그 택시 운전사는 음주운전 혐의로 체포되었다.

🏷 conducir ebrio 음주운전하다

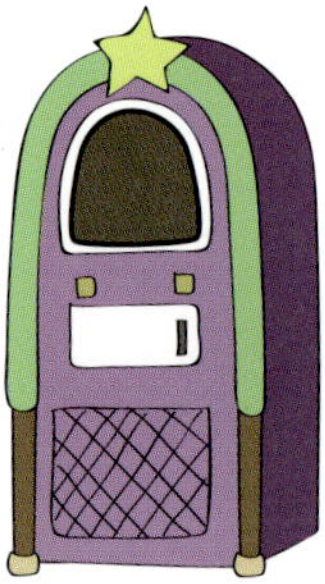

⑲ **f gramola** 주크박스
그라몰라

관련 어휘

- 숙취 resaca 레사까　　흡연 fumar 푸마르　　주류 licor 리꼬르
- 미성년자 음주 consumo de alcohol de menores de edad 꼰수모 데 알꼬올 데 메노레스 데 에닫
- 마지막 주문 último pedido 울띠모 뻬디도
- 계산서 cuenta 꾸엔따　　재떨이 cenicero 쎄니쎄로
- 나중에 계산하다 pagar al final 빠가르 알 피날

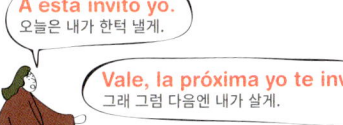

이번 술은 내가 살게

A esta invito yo.
오늘은 내가 한턱 낼게.

Vale, la próxima yo te invito.
그래 그럼 다음엔 내가 살게.

스페인에서 **vamos de copas** 바모스 데 꼬빠스 (술 한잔 하러 가자) 또는 **vamos de tapas** 바모스 데 따빠스 (타파스 하러 가자)라는 말이 있어요. **bar**(바)는 여가생활이나 사교 생활을 즐기는 장소이며 구역마다 한두 개씩 있는 흔한 장소입니다. 또한 아침, 점심, 저녁 식사를 할 수도 있고, 술뿐만이 아닌 커피와 음료도 판매합니다. 친구들이나 친한 동료들의 식사 초대를 제외하고 각자 계산하는 것이 일반적이기 때문에 **pagar a medias** 빠가르 아 메디아스 (각자 계산하다)라는 표현이 지역마다 다르게 있습니다.

- **pagar a pachas** 빠가르 아 빠차스 (마드릴에서 사용; 구어체)
- **pagar a escote** 빠가르 아 에스꼬떼 (구어체)
- **tapas** 따빠스 (에피타이져/스넥류)

🗣 ¡Hola! ¿Qué le pongo?
올라 께 레 뽕고

🗣 Póngame una cerveza rubia. ¿Cuánto le debo?
뽕가메 우나 쎄르베싸 루비아 꾸안또 레 데보

🗣 2.50 €
도스 (에우로스) 꼰 씬꾸엔따 (쎈띠모스)

🗣 Aquí tiene 3 euros. ¡Quédese con el cambio!
아끼 띠에네 뜨레스 에우로스 께데세 꼰 엘 깜비오

🗣 안녕하세요. 무엇을 드릴까요?
🗣 라거 맥주 한잔 주세요. 얼마 드려야 하나요?
🗣 1유로 50 센트입니다.
🗣 여기 3유로요. 잔돈은 됐습니다.

TalkTalk Tip

Póngame una copa de vino tinto.
레드 와인 한잔 주세요.
　　　　　una cerveza de barril. 생맥주
　　　　　una coca-cola. 코카콜라 주세요.

Pasatiempo, ocio 레저, 여가
DAY 10 운동 종목 은근히 많네!

¿Qué deporte le gusta?
어떤 스포츠를 좋아하나요?

Me encanta jugar al tenis.
테니스 치는 것을 정말 좋아해요.

❶ esquí 
❷ raqueta
❸ volante
❹ bádminton
❺ tiro con arco  
❻ arco
❼ flecha
❽ pesas
❾ halterofilia
❿ hockey (sobre hielo)  
⓫ palo de hocky
⓬ patinaje
⓭ tenis de mesa 
⓮ béisbol

❷ **f raqueta** 라켓
라께따

❸ **m volante** 셔틀콕
볼란떼

❹ **m bádminton** 배드민턴
바드민똔

• Ella es socio del club de **bádminton**.
그녀는 배드민턴 클럽의 회원이다.

❶ **m esquí** 스키
에스끼

vacaciones de esquí
스키 휴가

❽ **f pesas** 역기
뻬사스

❺ **tiro con arco** 활쏘기
띠로 꼰 아르꼬

• El **tiro con arco** es un deporte que utiliza arco y flechas.
활쏘기는 활과 화살을 이용한 스포츠다.

❻ **m arco** 활
아르꼬

❾ **f halterofilia** 역도
알떼로필리아

zapatillas de halterofilia
역도 신발

❼ **flecha** 화살
플레차

⓫ **palo de hockey**
빨로 데 호께이
하키 스틱

⓬ **m patinaje** 스케이스
빠띠나헤

❿ **hockey (sobre hielo).** (아이스) 하키
호께이 (소브레 이엘로)

jugador(-a) de hockey 하키 선수

patinaje sobre hielo
빙상 스케이트

⑬ **tenis de mesa** 탁구
떼니스 데 메사

jugar al tenis de mesa
탁구를 치다

⑭ m **béisbol** 야구
베에스볼

aficionado(a) de béisbol
야구 팬

⑮ f **cesta** 농구 골대
쎄스따

f **canasta** 농구 골대
까나스따

⑯ m **baloncesto** 농구
발론쎄스또

• El ex jugador de **baloncesto** entrena al equipo de bachillerato.
전직 농구 선수가 고등학교 팀을 지도하고 있다.

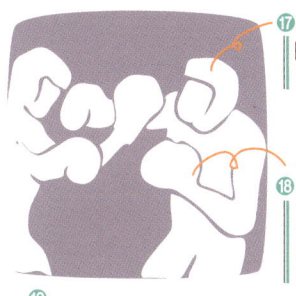

⑰ m **casco** 헤드기어
까스꼬

⑱ **guantes de boxeo**
구안떼스 데 복세오
복싱용 장갑

⑲ m **boxeo** 복싱
복세오

una pelea de boxeo 복싱 경기

⑳ m **fútbol** 축구
풋볼

• Yo juego al **fútbol** dos veces por semana.
난 일주일에 두 번 축구를 한다.

㉑ **m tenis** 테니스
떼니스

cancha(pista) de tenis 테니스 코트

㉒ **f red** 네트
렏

㉓ **m voleibol** 배구
볼레이볼

voleibol sentado 좌식 배구

㉔ **m golf** 골프
골프

un juego de golf 골프 한 게임

관련 어휘

- 라크로스 **lacrosse** 라끄로스 〉 수영 **natación** 나따씨온
- 스노보딩 **snowboarding** 스노우보딩 〉 체조 **gimnasia** 힘나씨아 〉 레슬링 **lucha** 루차
- 사격 **tiro deportivo** 띠로 데뽀르띠보 〉 사이클 **ciclismo** 씨끌리스모
- 펜싱 **esgrima** 에스그리마

야구 용어

- 투수 **lanzador** 란사도르, **pitcher** 피춰
- 포수 **receptor** 레셉또르, **catcher** 캐춰
- 타자 **bateador** 바떼아도르
- 1루수 **primera base** 쁘리메라 바쎄
- 2루수 **segunda base** 세군다 바쎄
- 3루수 **tercera base** 떼르쎄라 바쎄
- 유격수 **parador en corto** 빠라도르 엔 꼬르또
- 좌익수 **jardinero izquierdo** 하르디네로 이쓰끼에르도
- 중견수 **jardinero central** 하르디네로 쎈뜨랄
- 우익수 **jardinero derecho** 하르디네로 데레초

미국에서 fútbol (풋볼; 푿볼)은 의미가 달라요.

유럽에서 fútbol은 일반적인 축구를 뜻하지만 미국에서는 미식축구인 fútbol americano 풋볼 아메리까노 (아메리칸풋볼)로 이해해요. 미국에서는 축구를 soccer (사커)라고 해요.

fútbol
축구

fútbol americano
미식축구

TALK! TALK!

¿Qué deporte le gusta?
께 데뽀르떼 레 구스따

Me encanta jugar al tenis.
메 엔깐따 후가르 알 떼니스

¿Quiere jugar al tenis mañana?
끼에레 후가르 알 떼니스 마냐나

¡Genial!
헤니알

어떤 스포츠를 좋아하나요?
테니스 치는 것을 정말 좋아해요.
내일 테니스 치실래요?
좋아요.

> **TalkTalk Tip**
>
> **Me encanta jugar al tenis.**
> 테니스 치는 것을 정말 좋아해요.
>
> jugar al fútbol 축구 하는
> jugar al golf 골프 치는

Pasatiempo, Ocio 레저, 여가
DAY 11 자연을 즐겨 볼까?

¿Qué va a hacer este fin de semana?
이번 주말에 뭐 하실 건가요?

Voy a acampar con mis amigos. ¿Quiere venir?
친구들과 캠핑 갈 예정이에요. 함께 가실래요?

❶ camping
• acampada
• campamento

❷ escalada

❸ senderismo
• alpinismo

❹ arte marcial

❺ montar a caballo
• equitación

❶ m camping 캠핑
깜삥

f acampada 캠핑
아깜빠다

m campamento 캠핑
깜빠멘또

❷ f escalada 암벽등반
에스깔라다

- Ellos fueron de acampada a un camping.
  그들은 야외에서 캠핑했다.

> Viaje de camping 캠핑 여행

> exploración de escalada
> 암벽등반 탐험

❸ m senderismo 등산
센데리스모

m alpinismo 등산
알삐니스모

❹ arte marcial 무술
아르떼 마르씨알

- Este es una base perfecta para hacer senderismo.
  이곳은 등산하기에 완벽한 기지이다.

> experto en arte marcial
> 무술 전문가

❺ montar a caballo 승마
몬따르 아 까바요

f equitación 승마
에끼따씨온

- Él montaba a caballo todos los fines de semana.
  그는 주말마다 말타러 가곤 했다.

⑦ **m skateboarding**
에스케이트보-딩
스케이트보드

m monopatín
모노빠띤
스케이트보드

competición de skateboarding
스케이트보드 대회

⑥ **bicicleta de montaña**
비씨끌레따 데 몬따냐
산악자전거

* Yo disfruto montando en bicicleta de montaña
  나는 산악자전거를 즐긴다.

⑨ **patinaje en línea**
빠띠나헤 엔 리네아
인라인 스케이팅

* El **patinaje en línea** forma parte de mi diversión.
  인라인 스케이팅은 내 즐거움의 한 부분이다.

⑧ **m paracaidismo** 스카이다이빙
빠라까이디스모

* A ella le encanta el **paracaidismo**.
  그녀는 스카이다이빙에 빠졌다.

⑩ **m rifle** 장총
리플레

⑪ **f caza** 사냥
까싸

fincas de caza 사냥터

Actividades al Aire Libre 야외활동

⑫
m correr 조깅
꼬르레르

m jogging 조깅
조깅

🏷️ zapatillas de/para correr 조깅화

⑬
f excursión 소풍
엑스꾸르시온

m picnic 소풍
삐끄닉

🏷️ ir de excursión/hacer picnic
소풍을 가다

관련 어휘

수상 스포츠 Deportes acuáticos
- 보트 vela 벨라 ▫ 카누 canoa 까노아 ▫ 조정 remo 레모 ▫ 카약 kayakismo 까야끼스모
- 래프팅 rafting 뢔프팅 ▫ 스노클링 esnórquel 에스노르껠
- 스쿠버 다이빙 buceo 부쎄오 ▫ 서핑 surf 쑤르프 ▫ 윈드서핑 windsurf 윈드써르프
- 수상스키 esquí acuático 에스끼 아꾸아띠꼬 ▫ 낚시 pesca 뻬스까

동계올림픽 종목

- 봅슬레이 bobsleigh 봅슬레이 ▫ 컬링 curling 꾸를링
- 피겨 스케이팅 patinaje artístico 빠띠나헤 아르띠스띠꼬 ▫ 루지 luge 루헤
- 크로스컨트리 스키 esquí de fondo 에스끼 데 폰도 ▫ 스키점프 saltos de esquí 살또스 데 에스끼
- 스피드 스케이팅 patinaje de velocidad 빠띠나헤 데 벨로씨닫

야외활동을 할 때는 안전이 최우선!

1. **Evite comportamientos exagerados.** 무리한 행동은 삼가세요.
   에비떼 꼼뽀르따미엔또스 엑사헤라도스

2. **Lleve un botiquín de primeros auxilios.** 응급처치 상자를 가져가세요.
   예베 운 보띠낀 데 쁘리메로스 아욱씰리오스

3. **Utilice equipo de protección.** 보호 장비를 갖추세요.
   우띨리쎄 에끼뽀 데 쁘로떽씨온

4. **Debe mantener todos sus equipos en buena condición.**
   데베 만떼네르 또도스 수스 에끼뽀스 엔 부에나 꼰디씨온
   장비들은 모두 양호한 상태로 준비해 둬야 합니다.

5. **Manténgase hidratado.** 수분들 보충해 주세요.
   만뗑가쎄 이드라따도

Actividades al Aire Libre 야외활동

TALK! TALK!

🗣 ¿Qué va a hacer este fin de semana?
께 바 아 아쎄르 에스떼 핀 데 세마나

🗣 Voy a acampar con mis amigos. ¿Quiere venir?
보이 아 아깜빠르 꼰 미스 아미고스 끼에레 베니르

🗣 Sí, claro. ¿Qué debo llevar?
씨 끌라로 께 데보 예바르

🗣 Hará frío por la noche. Traiga una chaqueta abrigada.
아라 프리오 뽀르 라 노체 뜨라이가 우나 차께따 아브리가다

- 이번 주말에 뭐 하실 건가요?
- 친구들과 캠핑 갈 예정이에요. 함께 가실래요?
- 물론이죠. 뭘 가져가면 될까요?
- 밤에 추울 거예요. 따뜻한 재킷을 가져오세요.

TalkTalk Tip

Voy a hacer escalada con mis amigos.
친구들과 암벽등반 갈 예정입니다.
 montar a caballo 승마하러 갈
 montar en bicicleta de montaña 산악자전거 탈

Pasatiempo, ocio 레저, 여가
DAY 12 모처럼의 여유, 의미 있게 보내기

❶ **leer libros**
• **lectura**

¿Qué hace en su tiempo libre?
시간이 날 때 무엇을 하나요?

Me gusta usar las redes sociales. ¿Y usted?
SNS를 합니다. 당신은 어때요?

❷ hacer videojuegos

❸ bailar

❹ (teléfono) móvil

❺ SNS (red social)

❻ navegar por Internet

❼ tocar instrumento musical

❽ cantar

❾ hacer una foto
sacar/tomar una foto

❶ **leer libros** 책 읽기
레에르 리브로스

🇫 **lectura** 독서
렉뚜라

○ La **lectura** nos ayuda mucho.
책 읽기는 도움이 많이 된다.

❸ **bailar** 춤추기
바일라르

clase de danza 무용 수업

❹ **m (teléfono) móvil**
(뗄레포노) 모빌
핸드폰

❷ **hacer videojuegos**
아쎄르 비데오후에고스
컴퓨터 게임 하기

❺ **usar las redes sociales**
우사르 라스 레데스 소씨알레스
SNS 하기

❼ **tocar instrumento musical**
또까르 인스뜨루멘또 무시깔
악기 연주하기

○ Mi afición es **tocar el piano**.
내 취미는 피아노 치는 것이다.

❻ **navegar por Internet**
나베가르 뽀르 인떼르넷
인터넷 검색하기

❽ **cantar** 노래하기
깐따르

○ Ella tiene una voz hermosa.
그녀는 아름다운 목소리를 가졌다.

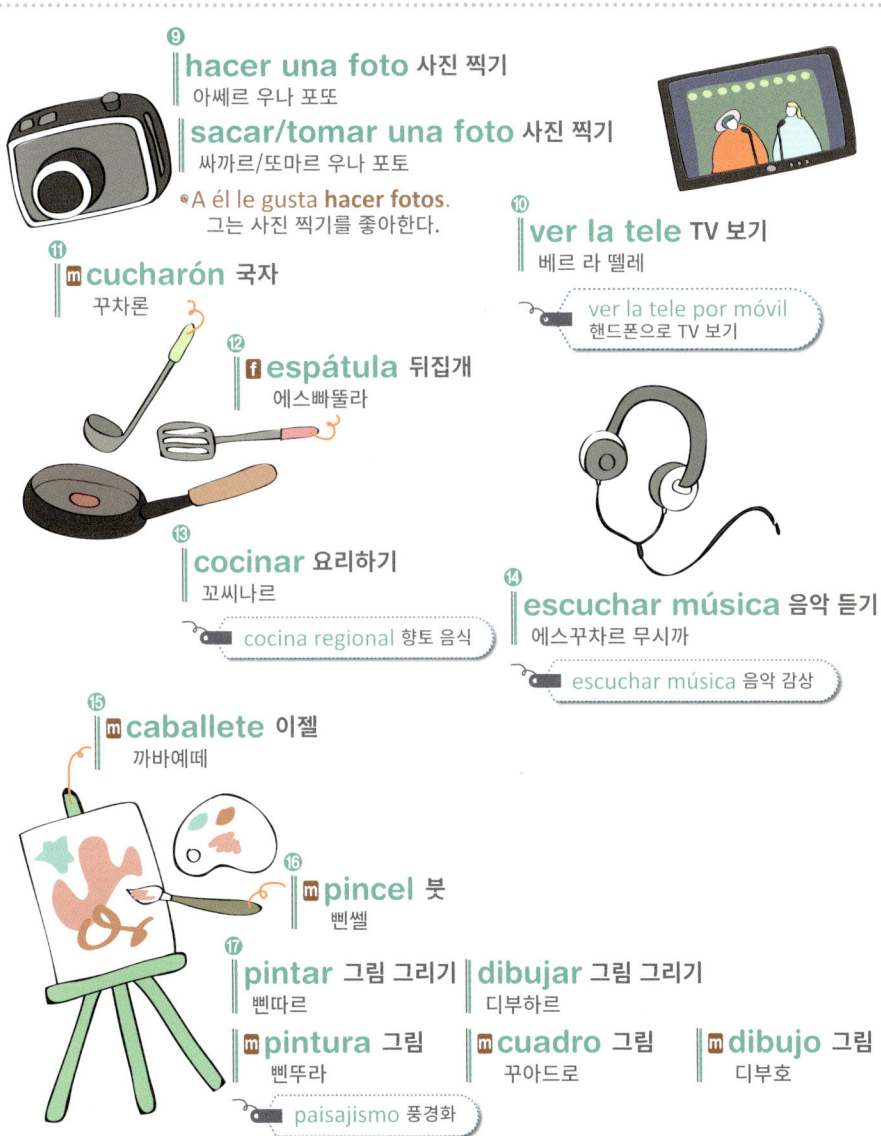

⑨ **hacer una foto** 사진 찍기
아쎄르 우나 포또

sacar/tomar una foto 사진 찍기
싸까르/또마르 우나 포토

A él le gusta **hacer fotos**.
그는 사진 찍기를 좋아한다.

⑩ **ver la tele** TV 보기
베르 라 뗄레

ver la tele por móvil
핸드폰으로 TV 보기

⑪ m **cucharón** 국자
꾸차론

⑫ f **espátula** 뒤집개
에스빠뚤라

⑬ **cocinar** 요리하기
꼬씨나르

cocina regional 향토 음식

⑭ **escuchar música** 음악 듣기
에스꾸차르 무시까

escuchar música 음악 감상

⑮ m **caballete** 이젤
까바예떼

⑯ m **pincel** 붓
삔쎌

⑰ **pintar** 그림 그리기
삔따르

dibujar 그림 그리기
디부하르

m **pintura** 그림
삔뚜라

m **cuadro** 그림
꾸아드로

m **dibujo** 그림
디부호

paisajismo 풍경화

⑱ **ver película** 영화 보기
베르 뻴리꿀라

⑲ **ir de compras** 쇼핑하기
이르 데 꼼쁘라스

관련 어휘

- 바느질 **costura** 꼬스뚜라 뜨개질 **punto** 뿐또
- 코바늘 뜨개질 **tejido a ganchillo/crochet** 떼히도 아 간치요/끄로체 소묘 **dibujo** 디부호
- 정원 가꾸기 **jardinería** 하르디네리아 목공예 **carpintería** 까르뻰떼리아
- 종이접기 **papiroflexia** 빠삐로플렉시아 도자기 만들기 **hacer la cerámica** 아쎄르 라 쎄라미까
- 우표 수집 **coleccionar sellos** 꼴렉씨오나르 쎄요스
- 동전 수집 **coleccionar monedas** 꼴렉씨오나르 모네다스
- 모형 만들기 **hacer el molde** 아쎄르 엘 몰데
- 친구와 시간 보내기 **pasar un rato con los amigos** 빠사르 운 라또 꼰 로스 아미고스
- 가족과 시간 보내기 **pasar un rato con la familia** 빠사르 운 라또 꼰 라 파밀리아

책 읽기

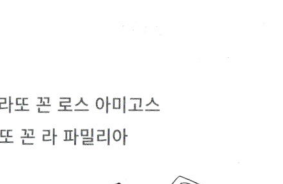

- 만화책 읽기 **leer un comic** 레에르 운 꼬믹
- 시 읽기 **leer un poema** 레에르 운 뽀에마
- 소설 읽기 **leer una novela** 레에르 우나 노벨라
- 공상과학소설 읽기 **leer una novela de ciencia ficción** 레에르 노벨라 데 씨엔씨아 픽씨온
- 잡지 읽기 **leer una revista** 레에르 우나 레비스따
- 추리소설 읽기 **leer una novela policíaca** 레에르 우나 노벨라 뽈리씨아까

게임 하기

- 보드게임 하기 **jugar al juego de mesa** 후가르 후에고 데 메사
- 체스 하기 **jugar al ajedrez** 후가르 알 아헤드레스
- 비디오 게임 하기 **jugar a los videojuegos** 후가르 아 비데오후에고스
- 주사위 게임 하기 **jugar a los dados** 후가르 아 로스 다도스
- 카드 놀이 하기 **jugar a las cartas** 후가르 아 라스 까르따스

SNS (Social Networking Services) 소셜 네트워킹 서비스

SNS (**Las redes sociales** 라스 레데스 소씨알레스는 온라인상에서 공통의 관심사를 갖는 개인이 관계를 맺을 수 있는 서비스로 **Social Media** 소씨알 메디아 (소셜 미디어)라고도 해요.

Facebook
풰이스북

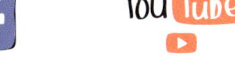
YouTube
유뚜브

Instagram
인스따그람

Twitter
뜨위떼르

🗨️ **¿Qué hace en su tiempo libre?**
께 아쎄 엔 수 띠엠뽀 리브레

💬 **Me gusta usar las redes sociales. ¿Y usted?**
메 구스따 우사르 라스 레데스 소씨알레스 이 우스뗃

🗨️ **Me gusta ver películas.**
메 구스따 베르 뻴리꿀라스

💬 **Pues, vamos a ver una película luego.**
뿌에스 바모스 아 베르 우나 뻴리꿀라 루에고

🗨️ 시간이 날 때 무엇을 하나요?
💬 SNS를 합니다. 당신은 어때요?
🗨️ 영화 보는 것을 좋아해요.
💬 그렇다면 나중에 영화 보러 같이 가요.

> **TalkTalk Tip**
>
> **Me gusta cocinar.** 요리 하는 것을 좋아해요
> **leer libros** 책 읽는
> **tocar la guitarra** 기타 치는

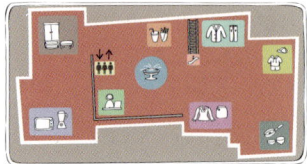

①
🇲 directorio 층별 안내도
디렉또리오

plano de ubicación 층별 안내도
쁠라노 데 우비까씨온

• Necesitamos buscar el **directorio**.
  우리는 층별 안내도를 찾아야 한다.

②
gafas de sol 선글라스
가파스 데 쏠

④
🇫 (asiento sin brazo ni respaldo) banqueta
(아씨엔또 씬 브라쏘 니 레스빨도) 반께따
(등받이와 팔걸이가 없는) **의자**

③
bolsa de la compra
볼사 데 라 꼼쁘라
쇼핑백

⑤
🇲 muebles 가구
무에블레스

• Nuestra tienda de **muebles** es uno de los más grandes de la ciudad.
  우리 가구 매장은 시내에서 가장 큰 가구 매장 중 하나이다.

un mueble 가구 한 점

⑥
🇲 ascensor 엘리베이터
아스쎈소르

• Cogimos el **asecensor** hasta el decimoquinto piso.
  우리는 15층을 가기 위해서 엘리베이터를 탔다.

ascensor para uso de los empleados
직원 전용 엘리베이터

⑦
atención al cliente
아뗀씨온 알 끌리엔떼
고객서비스센터

• El mostrador de **atención al cliente** está en el segundo piso.
  고객서비스센터는 2층입니다.

⑧ **m electrodoméstico**
엘렉뜨로도메스띠꼬
가전제품

⑨ **collar de perlas**
꼬야르 데 뻬를라스
진주 목걸이

⑩ **f bebida**
베비다
음료, 마실 것

⑪ **f cafetería** 스낵바
까페떼리아

f bar de tapas 스낵바
바르 데 따빠스

• Ahora puede acceder a Internet en **cafeterías**.
이제는 스낵바에서 인터넷을 접속할 수 있습니다.

⑫ **f fuente** 분수
푸엔떼

fuentes al aire libre 야외 분수

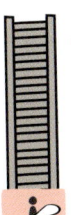

⑬ **escalera mecánica**
에스깔레라 메까니까
에스컬레이터

bajar de la escalera mecánica
에스컬레이터에서 내리다

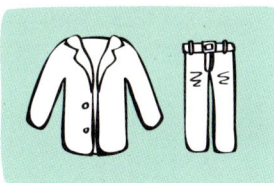

⑭ **ropa para hombre** 남성복
로빠 빠라 옴브레

Trabajar en la tienda de ropas para hombre
남성복 매장에서 일하다

⑮ **ropa de niños** 아동복
로빠 데 니뇨스

Nuestra tienda de niños está ofreciendo muchas variedades de ropas a buen precio.
우리 백화점 아동복 매장은 합리적인 가격의 다양한 의류를 제공하고 있습니다.

 ropa de niños barata 저렴한 아동복

⑯ **ropa de mujer** 여성복
로빠 데 무헤르

Encuentre ropas de última moda en nuestra tienda de mujeres.
우리 백화점 여성복 매장에서 최신 유행하는 패션을 찾아 보세요.

⑰ m **sartén** 프라이팬
사르뗀

⑲ m **sombrero** 모자
솜브레로

⑱ **menaje de cocina** 주방용품
메나헤 데 꼬씨나

 El menaje de cocina diseñado por un diseñador italiano
이태리 디자이너가 디자인한 주방용품

⑳ **tienda de papel para regalos** 선물포장 매장
띠엔다 데 빠뻴 빠라 레갈로스

¿Sabe dónde está la **tienda de papel para regalos**?
선물포장 매장이 어디 있는지 말씀해 주시겠습니까?

관련 어휘

- 보석 상점 *joyería* 호예리아 향수 가게 *perfumería* 뻬르푸메리아
- 남자화장실 *aseo de caballeros* 아세오 데 까바예로스 여자화장실 *aseo de damas* 아세오 데 다마스
- 주차장 *aparcamiento* 아빠르까미엔또

> 미국의 놓치면 아까운 파격적 세일 시즌을 스페인어로!

Black Friday 블랙 프라이데이
- **Descuentos del Black Friday** 데스꾸엔또스 델 블랙 프라이데이
- **Descuentos del Viernes Negro** 데스꾸엔또스 델 비에르네스 네그로

미국에서 추수감사절 다음 날인 금요일로, 1년 중 가장 큰 폭의 세일 시즌이 시작되는 날이에요.

Cyber Monday 사이버 먼데이
- **Ofertas del Cyber Monday** 오페르따스 델 사이버 먼데이

미국에서 추수감사절 연휴 이후의 첫 월요일을 말해요. 연중 가장 큰 소비 시즌 중 하나인 블랙 프라이데이 할인행사 다음으로 이어지는 이 날은 온라인 쇼핑 업체들이 집중적으로 할인행사를 해요.

Boxing day 박싱 데이
- **Boxing day navideño** 복싱 데이 나비데뇨

캐나다에서 크리스마스 다음 날인 12월 26일을 가리키는 말로 파격적 할인가로 제품을 판매하는 크리스마스 전후의 쇼핑 시즌을 지칭해요.

🗣 **Disculpe, ¿dónde está el directorio?**
디스꿀뻬 돈데 에스따 엘 디렉또리오

🗣 **Está allí, delante de la escalera mecánica.**
에스따 아이 델란떼 데 라 에스깔레라 메까니까

🗣 **Ah, gracias.**
아 그라씨아스

🗣 **De nada.**
데 나다

- 실례합니다만, (백화점) 안내도가 어디 있습니까?
- 저쪽에 있어요, 에스컬레이터 앞이요.
- 오, 감사합니다.
- 천만에요.

TalkTalk Tip

Disculpe, ¿dónde está el aseo de caballeros?
실례합니다만, 남자화장실이 어디인가요?
la biblioteca 도서관
el aparcamiento 주차장

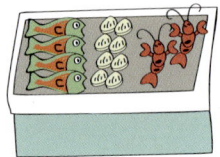

❶ m marisco 해산물
마리스꼬

> plato de marisco 해산물 요리

❷ carne, aves y pollo 육류와 가금류
까르네 아베스 이 뽀요

- ¿Dónde está la sección de carnicería?
  육류와 가금류 코너가 어디 있나요?

❹ comida precocinada 조리 식품
꼬미다 쁘레꼬씨나다

- Él trabaja en la sección de comida precocinada.
  그 남자는 조리 식품 판매점에서 일한다.

❸ f sección 코너
섹씨온

- Él está en la sección de conservas.
  그는 통조림 식품 코너로 갔다.

❺ f panadería 빵집
빠나데리아

f bollería 빵집
보예리아

❻ consumidor(-a) 소비자
꼰수미도르(라)

- Muchos consumidores usan cupones para reducir su gasto.
  많은 소비자들이 비용을 줄이기 위해서 쿠폰을 사용한다.

> llamar la atención de los consumidores
> 소비자를 끌어들이다

❼ cesta de compra 장바구니
쎄스따 데 꼼쁘라

carrito de compra 카트
까리또 데 꼼쁘라

- ¿Me puede dar una cesta (de compra)?
  장바구니 좀 가져다주시겠어요?

> llevar la cesta de compra 장바구니를 들다

⑧ caja 계산대
까하

- Hay una larga fila en la **caja**.
  계산대에 계산하려는 줄이 길다.

⑨ cajero(a) 계산원
까헤로(라)

- El **cajero** recibió mi tarjeta de crédito.
  계산원이 내 카드를 받았다.

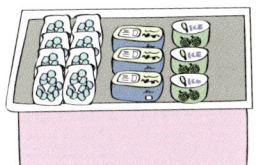

cajero(a) de supermercado
슈퍼마켓 계산원

⑩ sección de alimento congelado
섹씨온 데 알리멘또 꽁헬라도
냉동 식품 코너

 echar un vistazo a la sección de alimento congelado
냉동 식품 코너를 훑어보다

⑫ farmacéutico(a) 약사
파르마쎄우띠꼬(까)

⑪ alimentos refrigerados
알리멘또스 레프리헤라도스
냉장 식품

- Los productos lácteos están en la sección de **alimento refrigerado**.
  유제품은 냉장 식품 코너에 있습니다.

⑬ farmacia 약국
파르마씨아

- Tengo que recoger la receta(prescripción) en la **farmacia**.
  약국에 들어서 처방약을 가져가야 한다.

⑭ carro de compra 카트
까로 데 꼼쁘라

- En el carrito de compra está lleno de alimentos.
  쇼핑 카트에 식료품이 잔뜩 들어 있습니다.

⑯ sección de productos agrícolas
섹씨온 데 쁘로둑또스 아그리꼴라스
농산물 코너

- Las frutas y las verduras de la **sección de productos agrícolas** son de la localidad.
  농산물 코너에 있는 채소와 과일은 지역 농장에서 온다.

⑮ empleado(a) 점원
엠쁠레아도(다)

- El **empleado** me ayudó a poner las cosas.
  점원이 내가 짐을 챙기는 것을 도와주었다.

⑰ caja rápida 빠른 계산대
까하 라삐다

caja express 빠른 계산대
까하 엑스쁘레스

관련 어휘

- 계산대 줄 la fila de caja 라 필라 데 까하
- 저울 balanza 발란싸
- 스캐너 escáner (de código de barras) 에스까네르 (데 꼬디고 데 바라스)
- 음료 코너 sección de bebidas 섹씨온 데 베비다스
- 감자 한봉지 una bolsa de patatas 우나 볼사 데 빠따따스
- 옥수수 통조림 한 통 una lata de maíz 우나 라따 데 마이스
- 피클 한 병 un frasco de pepinillos 운 프라스꼬 데 뻬삐니요스
- 케첩 한 병 una botella de ketchup 우나 보떼야 데 께춥
- 우유 한 통 un (tetra)brik de leche 운 (떼뜨라)브릭 데 레체
- 빵 한 덩이 un pedazo de pan 운 뻬다소 데 빤

> 식료품을 쇼핑할 때 사용하는 가방의 종류

bolsa reutilizable 에코백
볼사 레우띨리사블레

재사용할 수 있는 bolsa reutilizable 볼사 레우띨리사블레 를 직접 가지고 다니면서 일회용 봉지 구입 비용도 아끼고 환경 보호에도 동참해 보세요.

bolsa de papel 종이봉투 or **bolsa de plástico** 비닐봉지
볼사 데 빠뻴   볼사 데 쁠라스띠꼬

슈퍼마켓에서 종이봉투나 비닐봉지를 구매할 수도 있지만 종이봉투와 비닐봉지 모두 환경오염 (contaminación ambiental 꼰따미나씨온 암비엔딸)의 주범이 될 수 있어요.

🗣 Lucía, ¿dónde están los productos lácteos?
루씨아 돈데 에스딴 로스 쁘로둑또스 락떼오스

🗣 Están entre 7 y 8, en la sección de alimentos congelados.
에스딴 엔뜨레 시에떼 이 오초 엔 라 섹씨온 데 알리멘또스 꽁헬라도스

🗣 Vale, entonces nos vemos en la caja.
발레 엔똔쎄스 노스 베모스 엔 라 까하

🗣 Vale, nos vemos allí.
발레 노스 베모스 아이

🗣 루시아야 유제품이 어디 있지?
🗣 7번과 8번 사이 냉장 식품 코너에 있어.
🗣 알았어. 그럼 계산대에서 만나자.
🗣 그래. 거기서 봐.

TalkTalk Tip

Están en la sección de congelados. 냉동 코너에 있어.
de panadería 제과 코너
de productos agrícolas 농산물 코너

❶ **m letrero** 푯말
레뜨레로

colgar un letrero 푯말을 세우다

❷ **bolsa reutilizable** 에코백
볼사 레우띨리사블레

● Mucha gente usa la **bolsa reutilizable** para el medio ambiente.
많은 사람들이 환경을 위해 에코백을 사용한다.

❸ **f manzana** 사과
만싸나

pelar la manzana
사과 껍질을 벗기다

❹ **m mango** 망고
망고

❺ **m melón** 멜론
멜론

❻ **m pomelo** 자몽
뽀멜로

❼ **f lima** 라임
리마

● La piel de **lima** se usa para dar sabor a la cocina.
라임 껍질은 요리할 때 향을 더하기 위해 사용된다.

❽ **f naranja** 오렌지
나랑하

● Si está resfriado, beba zumo de **naranja**.
감기에 걸렸을 때 오렌지 주스를 마셔 보세요.

❾ **f pera** 배
뻬라

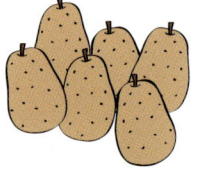

● Esta **pera** es dulce y jugosa.
이 배는 달고 과즙이 풍부하다.

⑩ **f piña** 파인애플
삐냐

• La **piña** facilita la digestión.
파인애플은 소화를 돕는다.

🏷️ lata de piña 파인애플 통조림

⑪ **m arándano** 블루베리
아란다노

🏷️ tarrina de arándanos 블루베리 한 바구니

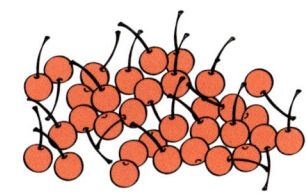

⑫ **f cereza** 체리
쎄레싸

• La **cereza** es baja en calorías, tiene mucha fibra y está llena de nutrientes.
체리는 칼로리가 낮고, 섬유질이 많으며 영양소가 가득 차 있다.

⑬ **f sandía** 수박
싼디아

⑭ **f semilla** 씨
쎄미야

⑮ **m limón** 레몬
리몬

• El sabor agrio generalmente se encuentra en las frutas como las naranjas y los limones.
신맛은 일반적으로 오렌지와 레몬 같은 과일에서 찾을 수 있다.

🏷️ exprimir limón 레몬을 짜다

⑯ **m kiwi** 키위
끼위

⑰ **m melocotón** 복숭아
멜로꼬똔

rodajas de melocotón
복숭아 슬라이스

⑱ **f fresa** 딸기
프레사

- Las **fresas** de la estantería parecen frescas.
선반 위에 딸기가 신선해 보인다.

⑲ **f uva** 포도
우바

un racimo de uvas 포도 한 송이

⑳ **f mandarina** 귤
만다리나

㉑ **m caqui** 감
까끼

㉒ **f estantería** 진열대
에스딴떼리아

- Hay varios productos en la **estantería**.
다양한 물건들이 진열대에 놓여 있다.

관련 어휘

- 자두 **ciruela** 씨루엘라 ▪ 살구 **albaricoque** 알바리꼬께 ▪ 무화가 **higo** 이고 ▪ 건포도 **pasa** 빠사
- 견과류 **frutos secos** 프루또스 세꼬스 ▪ 라즈베리 **frambuesa** 프람부에싸 ▪ 바나나 **plátano** 쁠라따노
- 코코넛 **coco** 꼬꼬 ▪ 아보카도 **aguacate** 아구아까떼 ▪ 파파야 **papaya** 빠빠야
- 석류 **granada** 그라나다

열대과일 상식 하나!

durian 두리안 두리안
특히 '과일의 왕'이라고 불리는 두리안은 맛이 달콤하고 영양가가 풍부하지만 암모니아 냄새 때문에 호불호가 확실히 갈리는 과일이에요.

¿Puede ponerme arándanos y melocotones?
뿌에데 뽀네르메 아란다노스 이 멜로꼬또네스

Sí, aquí tiene. ¿Algo más?
씨 아끼 띠에네 알고 마스

¿A cuánto están los mangos?
아 꾸안또 에스딴 로스 망고스

A 2 euros el kilo.
아 도스 에우로스 엘 낄로

Pues, póngame un kilo, por favor.
뿌에스 뽕가메 운 낄로 뽀르 파보르

- 블루베리와 복숭아 살 수 있나요?
- 물론이죠, 여기 있습니다. 다른 건요?
- 이 망고는 얼마예요?
- 킬로에 2유로예요.
- 그럼, 1킬로 주세요.

TalkTalk Tip

¿Puede ponerme **manzanas**? 사과 살 수 있나요?
　　　　　　　frutas secas 견과류
　　　　　　　caqui 감

¿A cuánto están **estas naranjas**? 이 오렌지는 얼마예요?
　　　　　　　　aquellas uvas 저 포도는
　　　　　　　　estos 그것은

Comida 음식
DAY 16 채소 이름 알면, 유식해 보여!

🐶🐑 Me gustaría comer un filete con berenjena a la plancha.
난 스테이크와 함께 구운 가지가 먹고 싶은데.

🐻 Vale.
응, 그렇게 해.

❶ brócoli
❷ col • repollo
❸ zanahoria
❹ berenjena
❺ espárrago
❻ lechuga

❶ **m brócoli** 브로콜리
브로꼴리

❷ **f col** 양배추
꼴

m repollo 양배추
레뽀요

• Hierva o cueza hasta que se ablande el col.
양배추가 부드러워질 때까지 찌거나 삶으세요.

❸ **f zanahoria** 당근
싸나오리아

❹ **f berenjena** 가지
베렝헤나

• La piel de **berenjena** es buena y muy nutriente.
가지 껍질에는 좋은 영양소가 듬뿍 들어 있다.

❺ **m espárrago** 아스파라거스
에스빠라고

❻ **f lechuga** 양상추
레추가

• Ponga dos hojas de **lechuga** encima del pan.
빵 위에 양상추 두 장을 올려 놓으세요.

 lechuga picada 잘게 썬 양상추

❼ **m apio** 셀러리
아삐오

• Él cortó unos **apios** y sirvió con salsa.
그는 셀러리 여러 개를 썰어서 소스와 함께 내왔다.

⑨ m maíz 옥수수
마이스

hoja de maíz 옥수수 껍질

⑧ f coliflor 콜리플라워
꼴리플로로

⑩ f calabaza 호박
깔라바싸

● La **calabaza** es conocida por las propiedades para bajar de peso.
호박은 체중을 감소시키는 것으로 잘 알려져 있다.

⑪ m nabo 무
나보

⑫ f patata 감자
빠따따

una bolsa de patatas 감자 한 봉지

⑭ m perejil 파슬리
뻬레힐

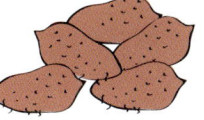

● Por lo general, el **perejil** se usa para decorar.
파슬리는 주로 장식용으로 쓰인다.

⑬ m boniato 고구마
보니아또

f batata 고구마
바따따

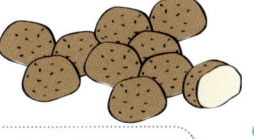

● El **boniato** tiene una textura suave y un sabor dulce.
고구마는 식감이 부르럽고 달콤한 맛이 난다.

⑮ m tomate 토마토
또마떼

● A mí me gusta poner **tomates** frescos en la pizza.
나는 피자 위에 신선한 토마토가 올려진 것을 좋아한다.

tomate maduro 잘 익은 토마토 • tomate podrido 상한 토마토

⑯ **m guisante** 완두콩
기산떼

⑰ **f cebolleta** 파
쎄보예따

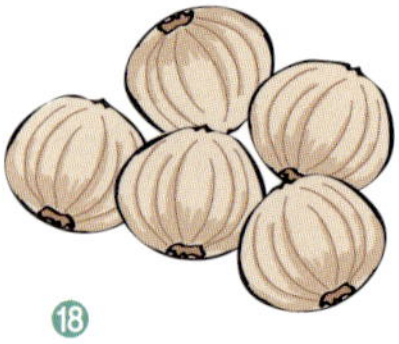

⑱ **f cebolla** 양파
쎄보야

⑲ **m ajo** 마늘
아호
- un diente de ajo 마늘 한 쪽

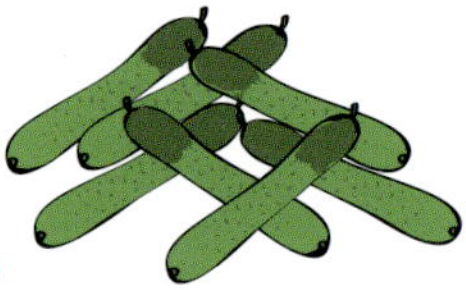

⑳ **m pepino** 오이
뻬삐노
- pepino encurtido, pepino en vinagre 식초에 절인 오이, 오이 피클

㉑ **f seta** 버섯
쎄따 
- seta comestible 식용버섯
- seta venenosa 독버섯

㉒ **carro de compra** 쇼핑 카트
까로 데 꼼쁘라

관련 어휘

- 강낭콩 **judía** 후디아
- 순무 **nabo** 나보
- 시금치 **espinaca** 에스삐나까
- 초록 피망 **pimiento verde** 삐미엔또 베르데
- 빨간 피망 **pimiento rojo** 삐미엔또 로호
- 부추 **cebollino chino** 쎄보이노 치노
- 우엉 **raíz de bardana** 라이스 데 바르다나
- 연근 **raíz de loto** 라이스 데 로또

채식주의자의 유형

ovo-lacto vegetariano(a) 오보 락또 베헤따리아노(나) (락토 오보 채식)은 고기는 먹지 않고 동물의 알, 유제품은 먹는 채식 주의자로 가장 일반적 유형이에요. 그밖에 해산물, 동물의 알, 유제품을 먹는 **pescetariano(a)** 뻬스쎄따리아노(나) (페스코 채식), 붉은 살코기는 먹지 않고 조류, 해산물, 동물의 알, 유제품을 먹는 **pollotariano(a)** 뽀요따리아노(나) (폴로 채식), 채식을 하면서도 경우에 따라 고기나 해산물을 먹는 **flexitariano(a)** 플렉시따리아노(나) (플렉시테리안)이 있어요.

vegano(a)
비건 채식
완전히 식물성
식품만 먹는 채식주의자

lactovegetariano(a)
락토 채식
육류와 생선, 동물의 알을
먹지 않고 유제품과 꿀 등은
먹는 채식주의자

ovovegetariano(a)
오보 채식
육류와 생선은 먹지 않지만
동물의 알은 먹는 채식주의자

🥬 **Me gustaría comer un filete con berenjena a la plancha.**
메 구스따리아 꼬메르 운 필레떼 꼰 베렝헤나 아 라 쁠란차

🧑 **Vale, como quieras.**
발레 꼬모 끼에라스

🥬 **¿Y tú?**
이 뚜

🧑 **Yo quiero puré de patatas.**
요 끼에로 뿌레 데 빠따따스

🥬 난 스테이크와 함께 구운 가지가 먹고 싶은데.
🧑 응, 그렇게 해.
🥬 당신은요?
🧑 난 매시트포테이토로 할게.

TalkTalk Tip
Me gustaría comer un filete con zanahoria cocida.
난 스테이크와 함께 삶은 당근이 먹고 싶은데.
patatas al horno 통감자 구이
arroz frito 볶음밥

Comida 음식

DAY 17 육류, 가금류, 해산물, 골라 먹는 재미가 있다!

🐑 ¿Qué te gustaría cenar? ¿Ternera o pollo?
저녁으로 소고기가 좋을까, 닭고기가 좋을까?

🐏 Me gusta la ternera. ¿Y tú?
소고기가 좋아. 넌 어때?

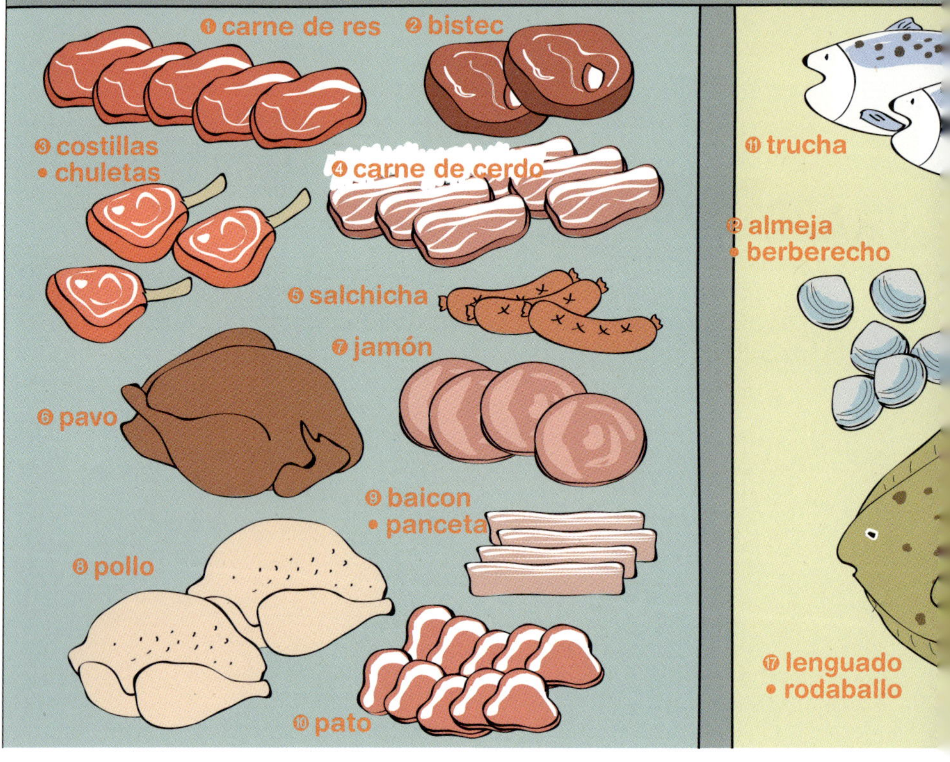

❶ carne de res
❷ bistec
❸ costillas • chuletas
❹ carne de cerdo
❺ salchicha
❻ pavo
❼ jamón
❽ baicon • panceta
❾ pollo
❿ pato
⓫ trucha
⓬ almeja • berberecho
⓱ lenguado • rodaballo

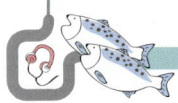

❶ carne de res 소고기
까르네 데 레스

- Esta hamburguesa está hecha con 100 por ciento de **carne de res**.
  이 햄버거는 백퍼센트 소고기로 만들었다.

❷ ⓜ bistec 스테이크
비스떽

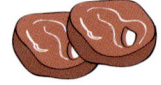

- A mí me gusta el **bistec** muy hecha.
  나는 스테이크를 완전히 익힌 것을 좋아한다.

  bistec poco cocido
  가볍게 구운 스테이크

❸ ⓕ costillas 갈비
꼬스띠야스

  costillas de res premium
  최상급 갈비

❹ ⓕ chuletas 갈비
출레따스

❹ carne de cerdo 돼지고기
까르네 데 쎄르도

- A mí me gusta más **carne de cerdo** que pollo y carne de res.
  나는 닭고기나 소고기보다 돼지고기를 더 좋아한다.

❺ ⓕ salchicha 소시지
살치차

- ¿Quieres comer **salchicha**?
  소시지 먹을래?

❻ ⓜ pavo 칠면조
빠보

❼ ⓜ jamón 햄
하몽

- El **jamón** del bocadillo no es tan salado.
  샌드위치에 들어간 햄이 그다지 짜지 않다.

  una loncha de jamón 햄 한 조각

❽ ⓜ pollo 닭고기
뽀요

- Descongele el pollo antes de cocinar.
  요리하기 전에 닭고기를 해동하세요.

  pechuga de pollo 닭 가슴살

DAY 17 — Carnes, Aves y Pollo, Mariscos 육류, 가금류, 해산물

⑨ **m baicon** 베이컨
베이꼰

f panceta 베이컨
빤쎄다

- Él pidió **baicon** y huevo para el desayuno.
  그는 아침 식사로 베이컨과 달걀을 주문했다.

⑩ **m pato** 오리
빠또

⑪ **f trucha** 송어
뜨루차

- La **trucha** vive en los ríos o arroyos.
  송어는 강이나 개울에 산다.

⑫ **f almeja** 조개
알메하

m berberecho 조개
베르베레초

crema de almejas 클램 차우더 수프

⑬ **m mejillón** 홍합
메히욘

⑭ **m atún** 참치
아뚠

- La lata de **atún** es barata y contiene muchas proteínas.
  참치 통조림은 값이 싸고 단백질이 풍부하다.

⑮ **m cangrejo** 게
깡그레호

- ¡Esta carne de **cangrejo** está rica!
  이 게살이 맛있네요!

cangrejo ermitaño 소라게, 집게

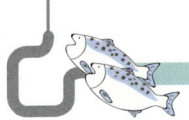

⑯ **f gamba** 새우
감바

m camarón 새우
까마론

● Póngame una ensalada de **gambas** con salsa de lima.
라임 드레싱을 곁들인 새우 샐러드 주세요.

⑰ **m lenguado** 넙치
렝구아도

m rodaballo 넙치
로다바요

⑱ **m salmón** 연어
살몬

● El plato de hoy es ensalada con **salmón** ahumado.
오늘의 생선요리는 훈제연어 샐러드이다.

⑲ **f vieira** 가리비
비에이라

concha de vieira 가리비 껍데기

⑳ **f ostra** 굴
오스뜨라

salsa de ostras 굴 소스

㉑ **f langosta** 바닷가재
랑고스따

관련 어휘

- 양다리 **pierna de cordero** 삐에르나 데 꼬르데로
- 양 갈비살 **chuletas de cordero** 출레따스 데 꼬르데로
- 돼지 갈비살 **chuletas de cerdo** 출레따스 데 쎄르도
- 닭 가슴살 **pechuga de pollo** 뻬추가 데 뽀요 ● 닭 다리 **jamoncitos de pollo** 하몬씨또스 데 뽀요
- 닭 날개 **alas de pollo** 알라스 데 뽀요 ● 닭 넓적살 **muslo de pollo** 무슬로 데 뽀요

요리법에 따른 고기 종류

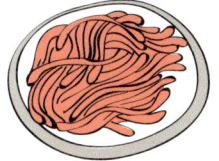
carne picada
까르네 삐까따
간 소고기

carne para guisar
까르네 빠라 기사르
스튜용 소고기

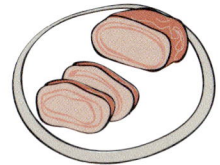
carne para asar
까르네 빠라 아사르
구이용 소고기

- ¿Qué te gustaría cenar? ¿Ternera o pollo?
  께 떼 구스따리아 쎄나르 떼르네라 오 뽀요

- Me gusta la ternera. ¿Y tú?
  메 구스따 라 떼르네라 이 뚜

- A mí también me gusta la ternera.
  아 미 땀비엔 메 구스따 라 떼르네라

- Entonces, vamos al asador.
  엔똔쎄스 바모스 알 아사도르

- 저녁으로 소고기가 좋을까? 닭고기가 좋을까?
- 소고기가 좋아. 넌 어때?
- 나도 소고기가 좋아.
- 그러면 스테이크 하우스에 가자.

TalkTalk Tip

Vamos al asador. 스테이크 하우스에 가자.
a nadar 수영하러
de compras 쇼핑하러
al mercado 마켓에

Medios de transporte 교통수단

DAY 18 절대 기다려 주지 않는 너_Public Transportation

¿En qué le puedo ayudar?
무엇을 도와 드릴까요?

Un billete de ida y vuelta para Granada, por favor.
그라나다로 가는 왕복 티켓 주세요.

❶ tarifa
❷ chófer de autobús
❸ escala 
❹ autobús
❺ compartimiento de equipaje
❻ línea de autobús
❼ parada de autobús
❽ taquilla • ventanilla
❾ horario
❿ estación de tren
⓫ tren
⓬ andén
⓭ taquillero(a)
⓮ recepcionista
⓯ mostrador de información

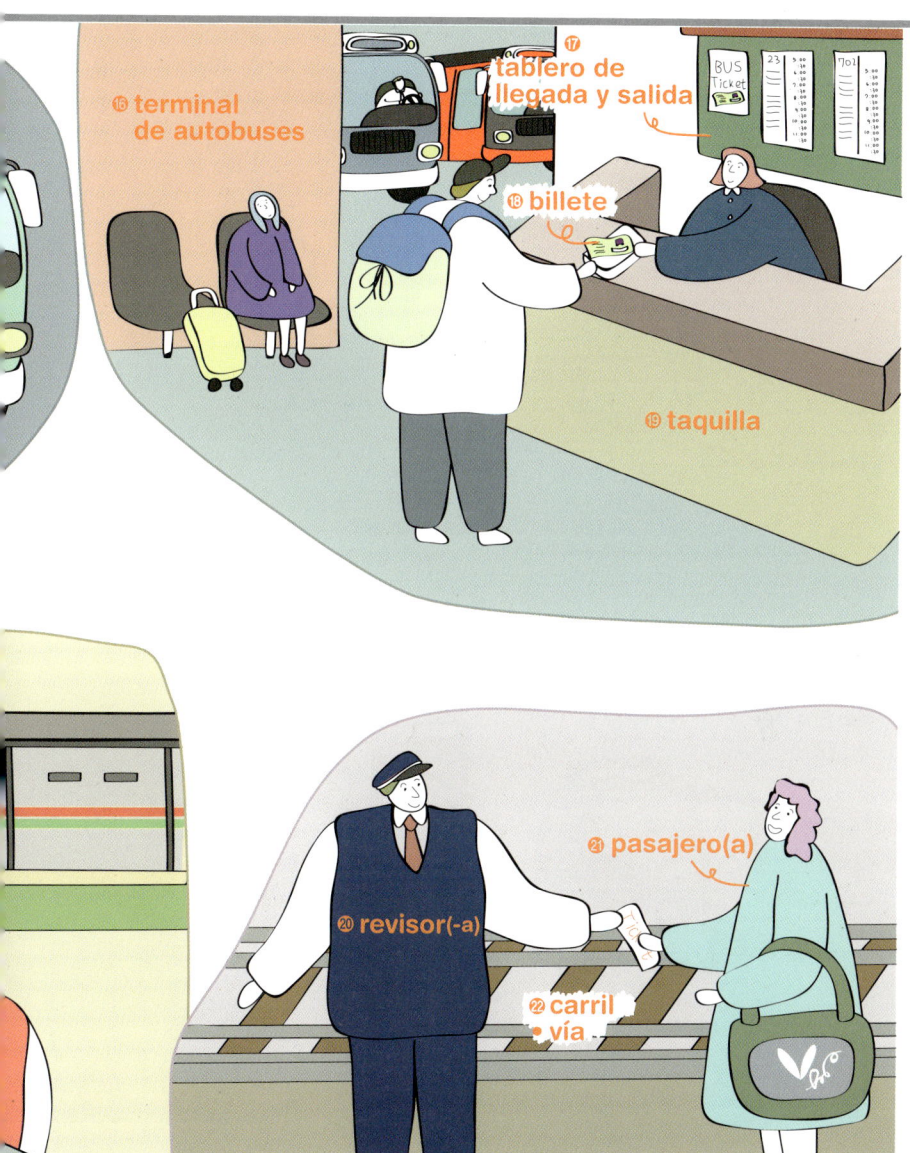

❶ f tarifa 요금
따리파
- la tarifa de autobús 버스 요금

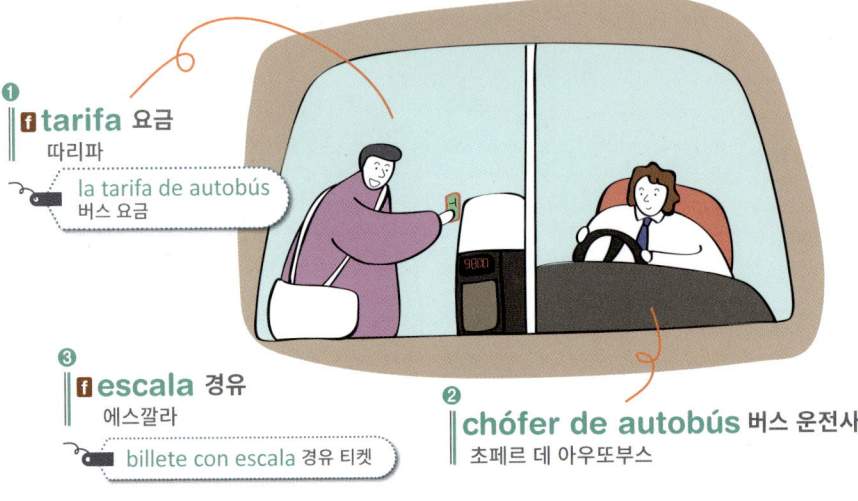

❸ f escala 경유
에스깔라
- billete con escala 경유 티켓

❷ chófer de autobús 버스 운전사
초페르 데 아우또부스

❹ m autobús 버스
아우또부스
- bus del barrio 지역 버스

❻ línea de autobús
리네아 데 아우또부스
버스 노선

❼ parada de autobús
빠라다 데 아우또부스
버스정류장
- Había mucha gente esperando **autobús en la parada**.
  많은 사람이 버스정류장에서 버스를 기다리고 있었다.

❺ compartimiento de equipaje 짐칸
꼼빠르띠미엔또 데 에끼빠헤
- poner equipaje en el compartimiento
  짐칸에 짐을 넣다

⑧ f taquilla 매표소
따끼야

f ventanilla 매표소
벤따니야

* En la taquilla está lleno de gente.
  매표소에 사람들이 붐빈다.

⑩ estación de tren 기차역
에스따씨온 데 뜨렌

> accesibilidad de la estación de tren
> 기차역 접근성

⑨ m horario 시간표
오라리오

> horario de tren 기차 시간표

⑪ m tren 기차
뜨렌

> viaje en tren 기차 여행

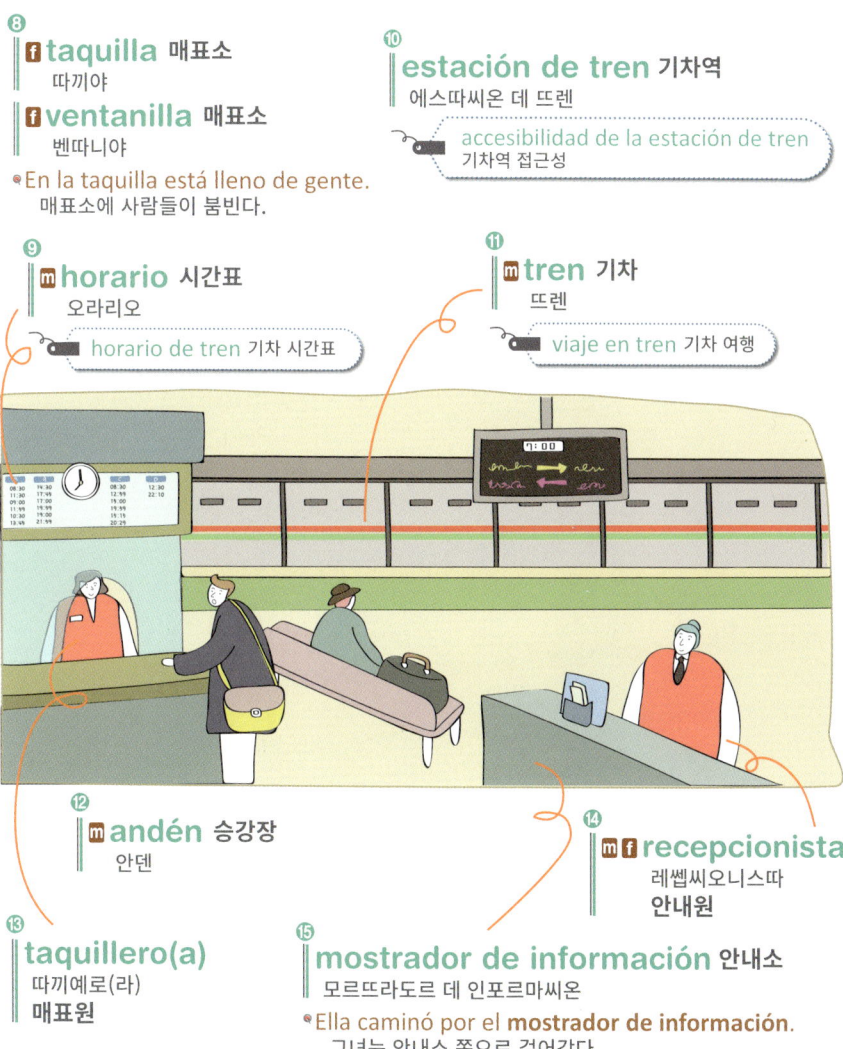

⑫ m andén 승강장
안덴

⑬ taquillero(a)
따끼예로(라)
매표원

⑭ m f recepcionista
레쎕씨오니스따
안내원

⑮ mostrador de información 안내소
모르뜨라도르 데 인포르마씨온

* Ella caminó por el mostrador de información.
  그녀는 안내소 쪽으로 걸어갔다.

⑯ terminal de autobuses 버스 터미널
떼르미날 데 아우또부세스

• ¿Cuál es la **terminal de autobuses** más cercana de aquí?
여기에서 가장 가까운 버스 터미널이 어디인가요?

⑰ tablero de llegada y salida
따블레로 데 예가다 이 살리다
출발 및 도착 게시판

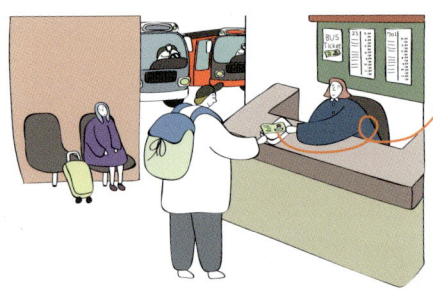

⑱ m billete 표
비예떼

🏷 billete gratuito 공짜 표

⑲ f taquilla 매표소
따끼야

• Nos vemos en la **taquilla**.
매표소 쪽에서 만납시다.

㉒ m carril 선로
까릴

f vía 선로
비아

🏷 vía férrea 기차 선로

⑳ revisor(-a) 검표원
레비쏘르(라)

• El **revisor** está pidiendo billete.
검표원이 표 검사를 하고 있다.

㉑ pasajero(a) 승객
빠사헤로(라)

🏷 autobús de 45 pasajeros 45인용 버스

관련 어휘

▸ 택시 **taxi** 딱씨 ▸ 지하철 **metro** 메뜨로 ▸ 자전거 **bicicleta** 비씨끌레따 ▸ 자동차 **coche** 꼬체
▸ 모터 바이크 **motocicleta** 모또씨끌레따 ▸ 요트 **yate** 야떼 ▸ 배 **barco** 바르꼬 ▸ 보트 **bote** 보떼
▸ 헬리콥터 **helicóptero** 엘리꼽떼로 ▸ 비행기 **avión** 아비온

왕복 티켓? 편도 티켓?

티켓을 구매하려고 하면 왕복 티켓인지 편도 티켓인지를 매표원에게 얘기를 할 텐데요. **el billete de ida y vuelta** 엘 비예떼 데 이다 이 부엘따는 왕복 티켓을 의미하고 **el billete de ida** 엘 비예떼 데 이다는 편도 티켓을 의미해요. **el billete de vuelta** 엘 비예떼 데 부엘따는 돌아올 티켓을 의미해요.

🗣️ ¿En qué le puedo ayudar?
   엔 께 레 뿌에도 아유다르

🧑 Un billete de ida y vuelta para Granada, por favor.
   운 비예떼 데 이다 이 부엘따 빠라 그라나다 뽀르 파보르

🗣️ ¿Para cuándo lo quiere?
   빠라 꾸안도 로 끼에레

🧑 Quiero para este viernes.
   끼에로 빠라 에스떼 비에르네스

🗣️ Son mil ochocientos euros, el billete de ida y vuelta para Granada.
   손 밀 오초씨엔또스 에우로스 엘 비예떼 데 이다 이 부엘따 빠라 그라나다

🧑 Gracias. Aquí tiene la tarjeta de crédito.
   그라씨아스 아끼 띠에네 라 따르헤따 데 끄레디또

🗣️ 무엇을 도와 드릴까요?
🧑 그라나다로 가는 왕복 티켓 주세요.
🗣️ 언제 가실 겁니까?
🧑 금요일에 가고 싶은데요.
🗣️ 그라나다로 가는 왕복 티켓은 1.800 유로입니다.
🧑 고마워요. 여기 카드 있어요.

TalkTalk Tip

Deme un billete de ida y vuelta para Washington.
워싱턴으로 가는 왕복 티켓 주세요.
Nueva York 뉴욕
Deme un billete de ida para París.
파리로 가는 편도 티켓 주세요.
Busan 부산으로 가는

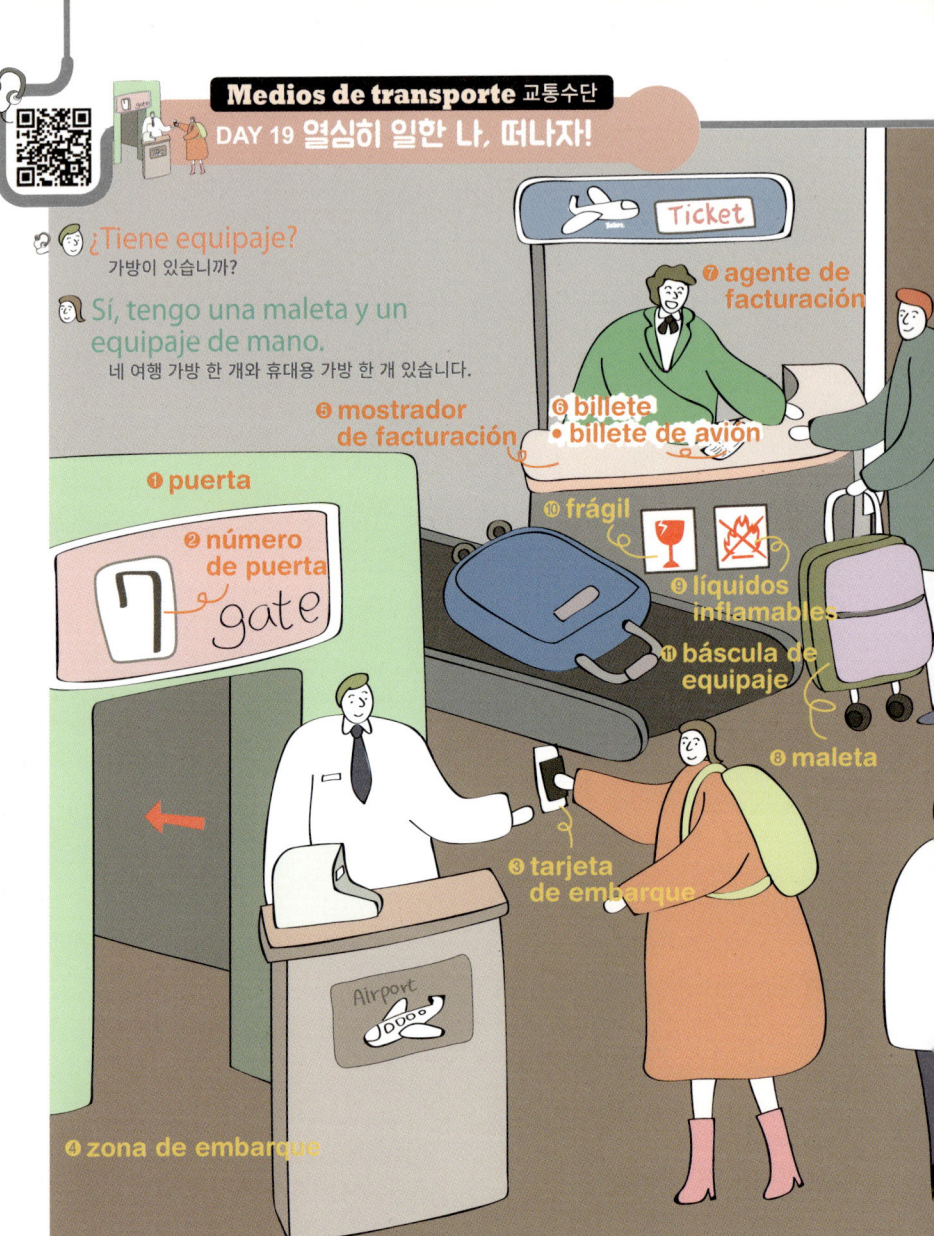

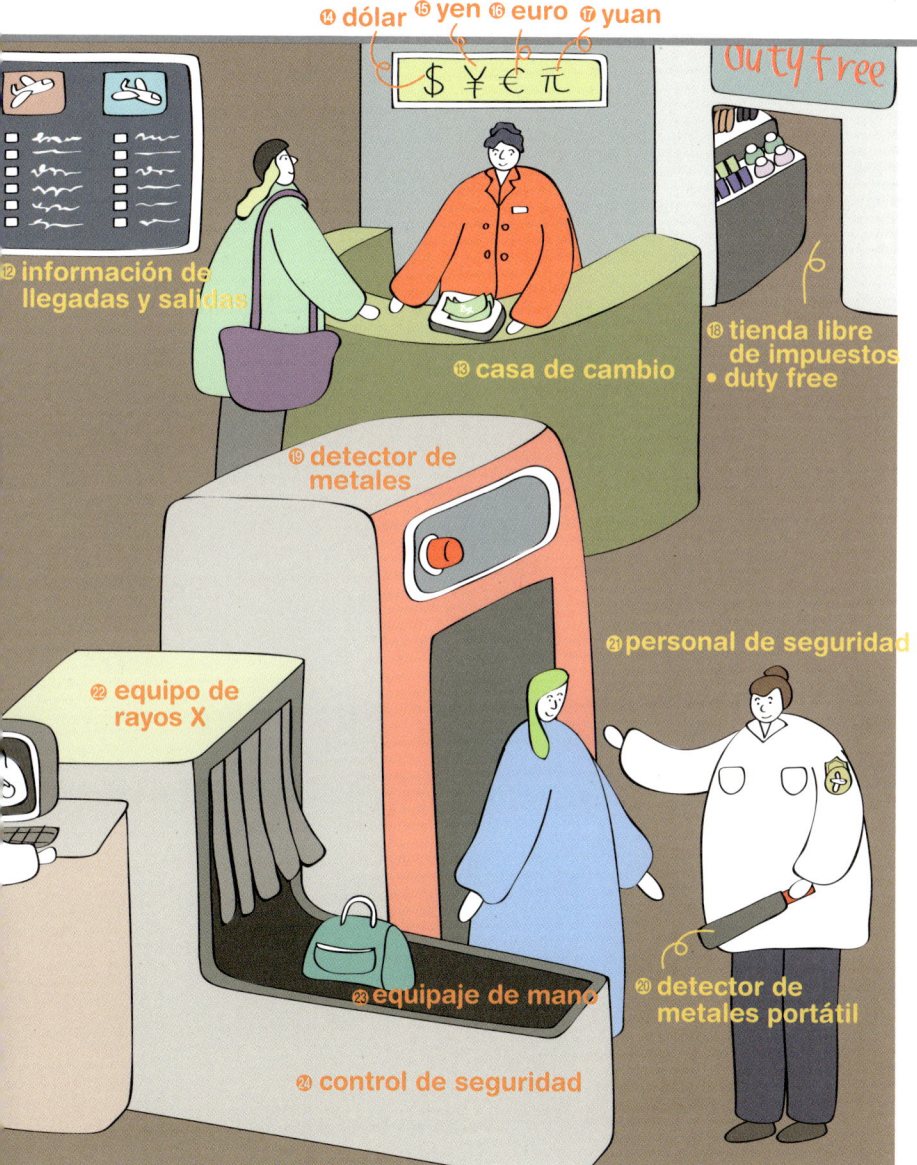

❶ **puerta** 탑승구
뿌에르따

❷ **número de puerta**
누메로 데 뿌에르따
게이트 번호

puerta de embarque 출발 탑승구

❸ **tarjeta de embarque** 탑승권
따르헤따 데 엠바르께

• La **tarjeta de embarque** se puede imprimir después de la facturación en línea.
탑승권은 온라인으로 체크인 한 후에 출력할 수 있다

❹ **zona de embarque** 탑승 구역
쏘나 데 엠바르께

❺ **mostrador de facturación** 탑승수속 창구
모스뜨라도르 데 팍뚜라씨온

mostrador de facturación exclusivo 전용 탑승수속 창구

❻ **billete** 표
비예떼

billete de avión 항공표
비예떼 데 아비온

reserva de billete de avión 항공표 예약

❼ **agente de facturación** 탑승수속 직원
아헨떼 데 팍뚜라씨온

❽ **maleta** 여행가방
말레따

maleta antigua 오래된 여행가방

⑨ **líquidos inflamables**
리끼도스 인플라블레스
인화성 액체

⑩ **frágil** 깨지기 쉬운
프라힐

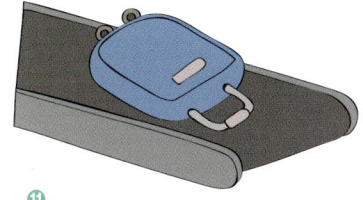

⑪ **báscula de equipaje**
바스꿀라 데 에끼빠헤
여행용 짐 저울

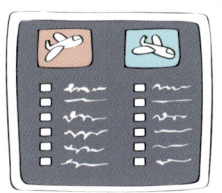

⑫ **información de llegadas y salidas**
인포르마씨온 데 예가다스 이 쌀리다스
출발과 도착 정보

• En la página web de aeropuerto está brindada toda la **información sobre llegadas y salidas**.
출발과 도착 정보 모두 공항 웹 사이트에 업로드 된다.

⑬ **casa de cambio** 환전소
까사 데 깜비오

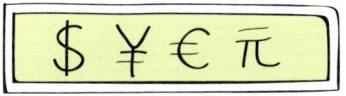

⑭ **dólar** 달러
돌라르

⑮ **yen** 엔
옌

⑯ **euro** 유로
에우로

⑰ **yuan** 위안
유안

⑱ **tienda libre de impuestos** 면세점
띠엔다 리브레 데 임뿌에스또스

duty free 면세점
듀띠 프리

⑲ **detector de metales** 금속탐지기
데떽또르 데 메딸레스

⑳ **detector de metales portátil**
데떽또르 데 메딸레스 뽀르따띨
휴대용 금속탐지기

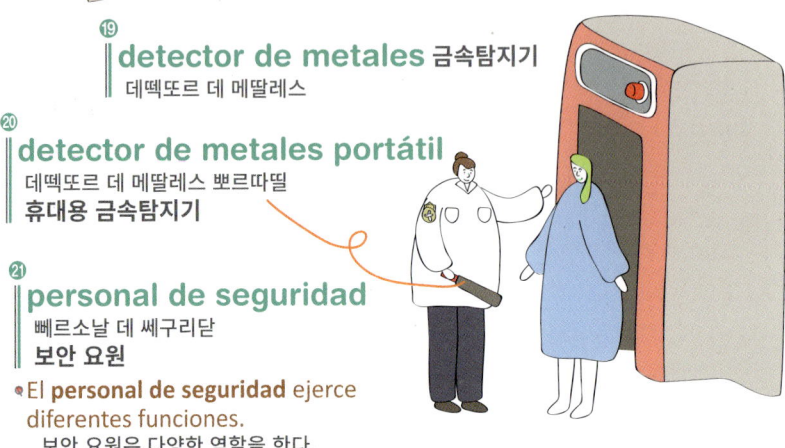

㉑ **personal de seguridad**
뻬르소날 데 쎄구리닫
보안 요원

- El **personal de seguridad** ejerce diferentes funciones.
  보안 요원은 다양한 역할을 한다.

㉒ **equipo de rayos X** 엑스레이 기계
에끼뽀 데 라요스 엑끼스

㉓ **equipaje de mano** 휴대용 가방
에끼빠헤 데 마노

líquidos en el equipaje de mano
휴대용 가방에 있는 액체 물품

㉔ **control de seguridad** 보안검색대
꼰뜨롤 데 쎄구리닫

- El **control de seguridad** está en la entrada de la zona de embarque.
  보안검색대는 탑승 구역 입구에 위치한다.

> **관련 어휘**
> - 도착 llegada 예가다 출발 salida 쌀리다 탑승 시간 hora de embarque 오라 데 엠바르께
> - 퍼스트 클래스 primera clase 쁘리메라 끌라쎄 비즈니스 클래스 clase business 끌라쎄 비즈니스
> - 이코노미 클래스 clase turista 끌라쎄 뚜리스따

Check –in por móvil 체크 인 뽀르 모빌 **모바일 체크인**

요즘은 핸드폰으로도 탑승권 발행과 체크인을 할 수 있어요. 항공권을 구매하고 나면 항공사로부터 문자나 **톡으로 체크인할 수 있는 메시지를 받게 되는데요. 메시지에서 지시하는 대로 따라 하면 좌석 배정, 탑승권 발행 및 체크인까지 완료할 수 있어서 공항에서 지루하게 체크인을 기다려야 하는 시간을 줄일 수 있어요.

🧑 **Buenos días. ¿Puedo ver su pasaporte, por favor?**
부에노스 디아스 뿌에도 베르 수 빠사뽀르떼 뽀르 파보르

👩 **Sí, aquí lo tiene.**
씨 아끼 로 띠에네

🧑 **¿Tiene equipaje?**
띠에네 에끼빠헤

👩 **Sí, tengo una maleta y un equipaje de mano.**
씨 뗑고 우나 말레따 이 운 에끼빠헤 데 마노

🧑 **Ponga su maleta en la báscula de equipajes.**
Aquí tiene su tarjeta de embarque. Que tenga un buen viaje.
뽕가 수 말레따 엔 라 바스꿀라 데 에끼빠헤스
아끼 띠에네 수 따르헤따 데 엠바르께 께 뗑가 운 부엔 비아헤

👩 **Gracias.**
그라씨아스

🧑 안녕하세요. 여권 보여 주시겠어요?
👩 여기 있습니다.
🧑 가방이 있습니까?
👩 네, 여행가방 한 개와 휴대용 가방 한 개 있습니다.
🧑 가방을 저울 위에 올려 주세요.
  여기 탑승권 있습니다. 즐거운 여행 되세요.
👩 감사합니다.

> **TalkTalk Tip**
> **¿Puedo ver su pasaporte?**
> 여권 보여 주시겠어요?
> **su billete** 티켓
> **su nombre** 이름

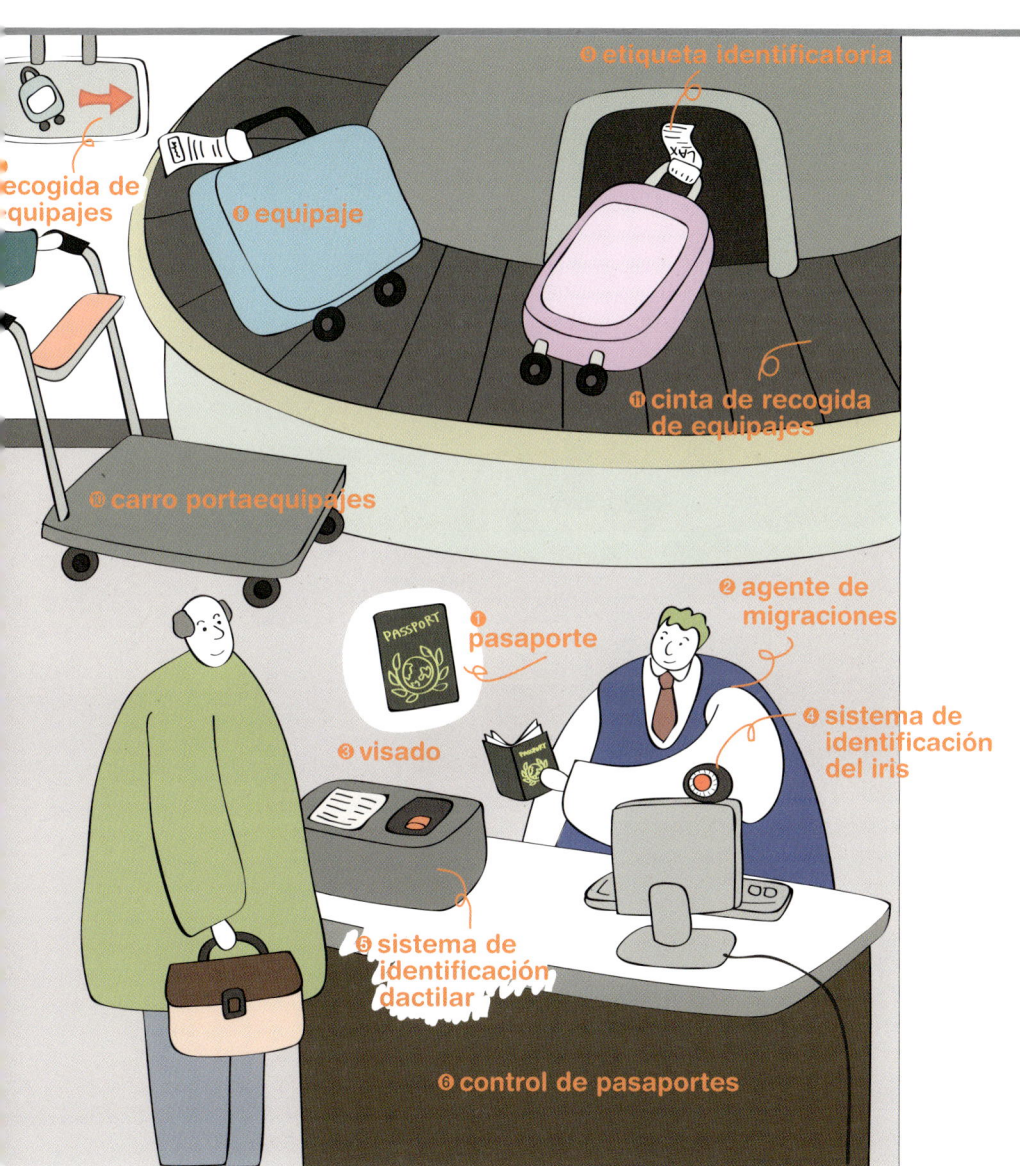

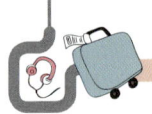

Control de Pasaportes 꼰뜨롤 데 빠사뽀르떼스 입국심사

❶ m pasaporte 여권
빠사뽀르떼

- solicitar pasaporte
  여권을 신청하다

❷ agente de migraciones 출입국 관리관
아헨떼 데 미그라씨오네스

- El **agente de migraciones** me preguntó mis datos personales.
  출입국 관리관이 나의 개인 정보를 물었다.

❸ m visado 비자
비사도

- Su **visado** caducó hace tres meses.
  그녀의 비자는 3개월 전에 만료되었다.

❹ sistema de identificación del iris
씨스떼마 데 이덴띠피까씨온 델 이리스
홍체 인식 시스템

❺ sistema de identificación dactilar 지문 인식 시스템
씨스떼마 데 이덴띠피까씨온 닥띨라르

❻ control de pasaportes 출입국심사
꼰뜨롤 데 빠사뽀르떼스

- pasar por el control de pasaportes 입국심사를 통과하다

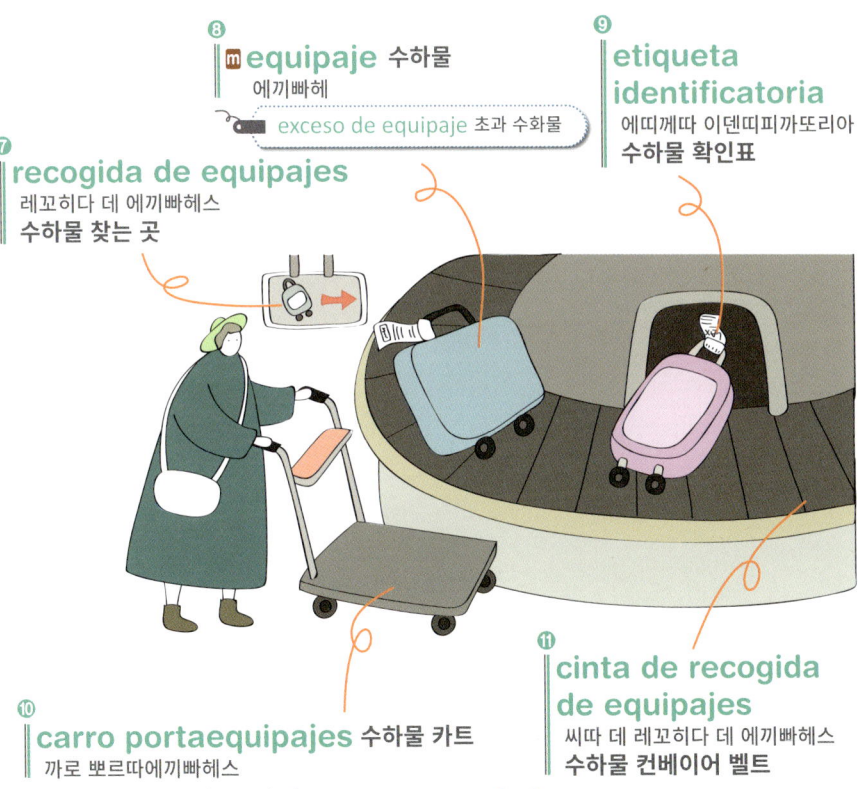

zona de recogida de equipajes 쏘나 데 레꼬히다 데 에끼빠헤스 **수하물**

⑧ m **equipaje** 수하물
에끼빠헤

exceso de equipaje 초과 수하물

⑨ **etiqueta identificatoria**
에띠께따 이덴띠피까또리아
수하물 확인표

⑦ **recogida de equipajes**
레꼬히다 데 에끼빠헤스
수하물 찾는 곳

⑩ **carro portaequipajes** 수하물 카트
까로 뽀르따에끼빠헤스

⑪ **cinta de recogida de equipajes**
씨따 데 레꼬히다 데 에끼빠헤스
수하물 컨베이어 벨트

※ Generalmente el uso de los **carros portaequipajes** son gratuitos en el aeropuerto menos en los EEUU.
미국 이외의 공항에서는 수하물 카트가 대부분 무료이다.

aduana 아두아나 세관

⑫ **f aduana** 세관
아두아나

pasar por la aduana
세관을 통과하다

⑬ **nada para declarar**
나다 빠라 데끌라라르
신고할 물건 없음

⑭ **para declarar** 신고할 물건
빠라 데끌라라르

⑮ **m f turista** 여행객
뚜리스따

⑯ **aduanero(a)** 세관원
아두아네로(라)

• El agente de aduana se encarga de vigilar la entrada y la salida de los artículos prohibidos al país.
세관원은 금지된 품목이 그 나라에 들어오거나 나가는 것을 막는다.

⑰ **declaración de aduana** 세관신고서
데끌라라씨온 데 아두아나

forma de llenar la declaración de aduana
세관신고서 작성 방법

⑱ **oficina de objetos perdidos**
오피씨나 데 오브헤또스 뻬르디도스
분실물 보관소

관련 어휘

- 짐 받이 **portaequipajes** 뽀르따에끼빠헤스 · 양복 커버 **portatrajes** 뽀르따뜨라헤스
- 지연 **retraso** 레뜨라소 · 단기체류 **escala** 에스깔라 · 여행 목적 **motivo de visita** 모띠보 데 비씨따
- 세금을 내다 **pagar impuesto** 빠가르 임뿌에스또 · 시민 **ciudadano(a)** 씨우다다노(나)

카트 대여료를 지불 해야 하는 공항도 있어요

해외여행을 할 때 짐이 많으면 짐을 한꺼번에 실을 수 있는
carro portaequipajes 까로 뽀르따에끼빠헤스 (수하물 카트)를 사용하게 돼요.
대부분의 나라에서는 carro portaequipajes를 무료로 사용할 수 있지만
미국의 공항에서는 카트 대여료를 3~5달러 정도 받아요.
단, 운이 좋으면 누군가가 남겨 두고간 카트를 사용할 수도 있어요.

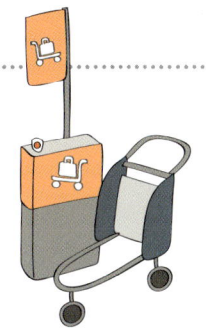

¿Cuánto tiempo va a estar en España?
꾸안또 띠엠뽀 바 아 에스따르 엔 에스빠냐

Un mes.
운 메스

¿Cuál es el motivo de su visita?
꾸알 에스 엘 모띠보 데 수 비씨따

Estoy por viaje de trabajo.
에스또이 뽀르 비아헤 데 뜨라바호

Aquí tiene su pasaporte. Bienvenido a España.
아끼 띠에네 수 빠사뽀르떼 비엔베니도 아 에스빠냐

Gracias.
그라씨아스

- 여기에는 얼마나 머무를 예정이십니까?
- 한 달입니다.
- 방문 목적이 무엇입니까?
- 출장 왔습니다.
- 여기 여권이요. 스페인에 오신 것을 환영합니다.
- 감사합니다.

TalkTalk Tip

Estoy por viaje de trabajo.
저는 여기에 출장 왔습니다.
de vacaciones 휴가
por tratamiento médico 의학 치료

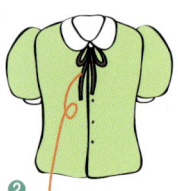

❶ f blusa 블라우스
블루사
- Pruébese **blusas** con estampado de flores para esta temporada.
  다가오는 계절에는 꽃무늬 블라우스를 입어 보세요.

❷ f cinta 리본
씬따

blusa de manga larga
긴소매 블라우스

❺ f camiseta 티셔츠
까미쎄따
- ¿Tiene esta **camiseta** en otro color?
  이 티셔츠, 다른 색이 있나요?

❸ escote en V 브이넥
에스꼬떼 엔 우베

❹ m jersey 스웨터
헤르세이
- En mi cumpleaños recibí un **jersey**.
  나는 생일 선물로 스웨터를 받았다.

❻ m botón 버튼
보똔

❼ f camisa
까미사
셔츠

jersey hecho a mano 손으로 뜬 스웨터

❾ pantalones cortos 반바지
빤딸로네스 꼬르또스
- A mí me gusta ponerme **pantalones cortos** en verano.
  나는 여름에 반바지 입는 것을 좋아한다.

pantalones cortos tres cuartos
무릎길이 반바지

❽ jersey de cuello alto
헤르세이 데 꾸에요 알또
터틀넥 스웨터
- En invierno, ella se pone **jersey de cuello alto** a menudo.
  그녀는 겨울이면 대부분 터틀넥 스웨터를 입는다.

❿ f falda 치마
팔다

el largo de la falda 스커트 길이

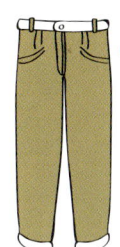

⑪ **pantalones** 바지
빤딸로네스

• Necesito comprar un **pantalón**.
나는 바지 한 벌을 사야 한다.

ponerse los pantalones
바지를 입다

⑫ **vaqueros**
바께로스
청바지

vaqueros descoloridos
빛바랜 청바지

⑬ **sudadera**
수다데라
스웨트 셔츠

• Normalmente él se pone **sudedra** y vaqueros.
그는 평소 스웨트 셔츠와 청바지를 입는다.

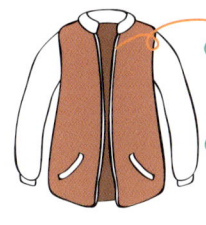

⑭ **cremallera** 지퍼
끄레마예라

⑮ **chaqueta** 재킷
차께따

• Esta **chaqueta** marrón de cuero es cara.
그 갈색 가죽 재킷은 비싸다.

⑯ **camisa de vestir** | **camisa formal**
까미사 데 베스띠르 | 까미사 포르말
정장용 셔츠 | **정장용 셔츠**

⑰ **corbata** 넥타이
꼬르바따

⑱ **traje** 양복
뜨라헤

• Generalmente un empresario lleva **traje** y corbata.
사업가는 일반적으로 양복을 입고 넥타이를 맨다.

• traje de buzo 잠수복
• bañador 수영복

⑲ **pajarita**
빠하리따
나비 넥타이

⑳ **esmoquin**
에스모낀
턱시도

• Voy a ponerme **esmoquin** en el baile.
나는 무도회에서 턱시도를 입을 것이다.

esmoquin blanco 흰색 턱시도

㉑ **vestido de noche** 이브닝드레스
베스띠도 데 노체

vestido de noche elegante
우아한 이브닝드레스

㉔ **placa de identificación**
쁠라까 데 이덴띠피까씨온
이름표

㉒ **bolsillo** 주머니
볼씨요

㉕ **uniforme** 유니폼
우니포르메

uniforme militar 군복

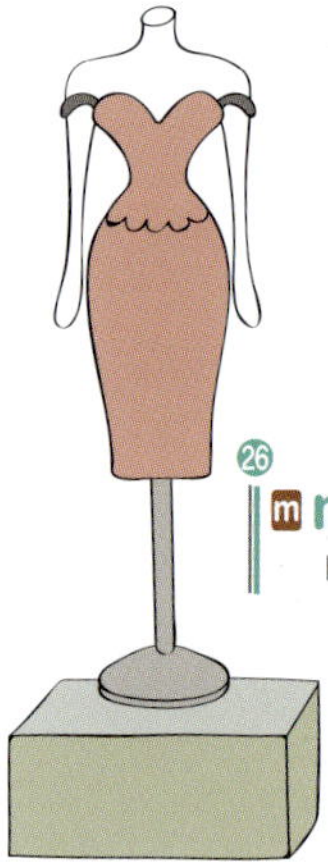

㉓ **monos** 멜빵바지
모노스

niños en monos azules
파란색 멜빵바지를 입은 소년들

㉘ **probador** 탈의실
쁘로바도르

¿Dónde está el **probador**?
탈의실이 어디인가요?

㉖ **maniquí** 마네킹
마니끼

㉗ **vestido** 드레스
베스띠도

La señora con **vestido** negro sin mangas parece hermosa.
검은색 민소매 드레스를 입은 그 숙녀는 아름다워 보인다.

관련 어휘

- 임부복 ropa de premamá 로빠 데 쁘레마마 ▸ 조끼 chaleco 찰레꼬 ▸ 레깅스 mallas 마야스
- 모자 sombrero 솜브레로 ▸ 야구모자 gorra 고라 ▸ 외투 abrigo 아브리고
- 귀마개 orejeras 오레헤라스 ▸ 장갑 guantes 구안떼스 ▸ 벙어리장갑 manoplas 마노쁠라스

신발의 종류

zapatos 구두
싸빠또스

tacones 하이힐
따꼬네스

zapatillas deportivas 스니커즈
싸빠띠야스 데뽀르띠바스

botas 부츠
보따쓰

sandalias 샌들
싼달리아스

chanclas 플립플랍
찬끌라스

🧑 Buenas tardes. ¿Le ayudo?
부에나스 따르데스 레 아유도

👩 Perdone, ¿dónde están los vaqueros?
뻬르도네 돈데 에스딴 로스 바께로스

🧑 Están al lado del probador.
에스딴 알 라도 델 쁘로바도르

👩 Gracias.
그라씨아스

🧑 어서 오세요. 도와 드릴까요?
👩 실례지만, 청바지는 어디 있나요?
🧑 탈의실 옆쪽에 있습니다.
👩 고마워요.

TalkTalk Tip

¿**Dónde** están los pantalones cortos?
반바지가 어디 있나요?
los zapatos 신발
está el probador 탈의실

Vestido 의류
DAY 22 엣지있게 액세서리!

🐥 Los pendientes son bonitos.
귀걸이가 예쁘네요.

😊 ¿Quiere probarse?
착용해 보시겠어요?

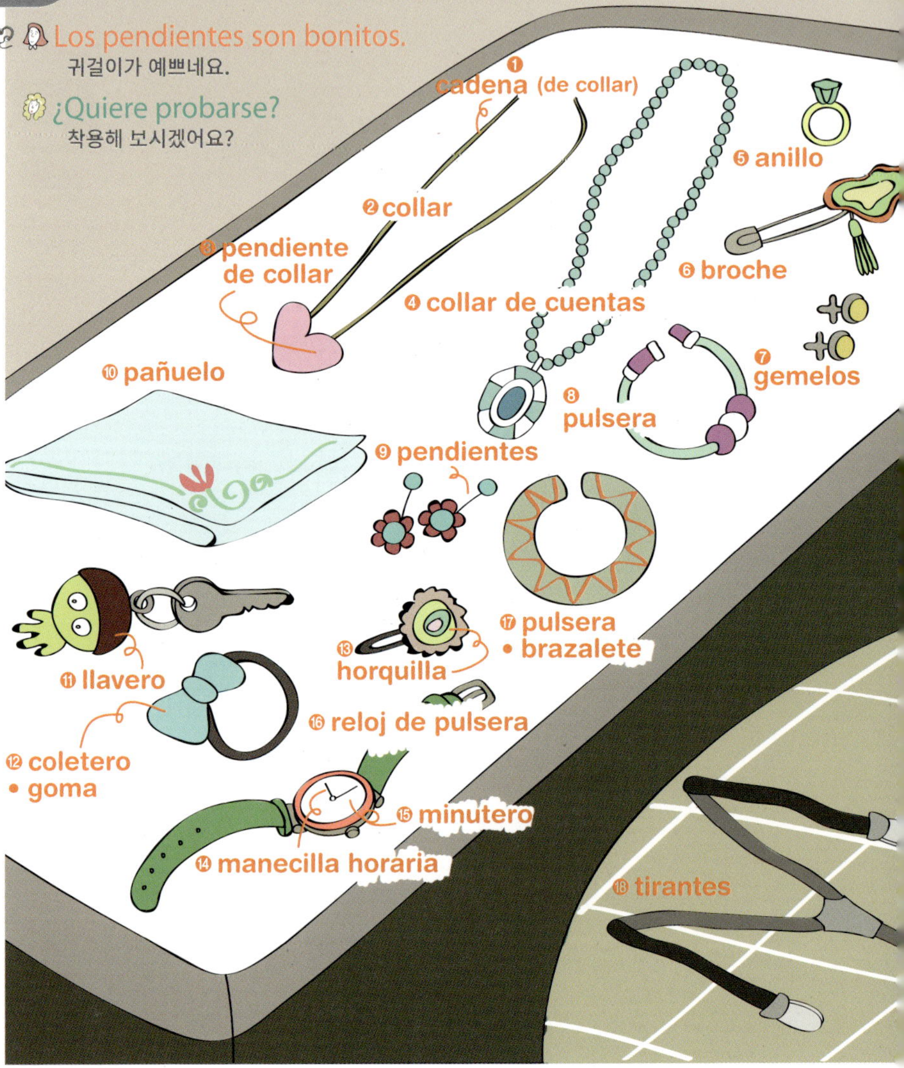

① cadena (de collar)
② collar
③ pendiente de collar
④ collar de cuentas
⑤ anillo
⑥ broche
⑦ gemelos
⑧ pulsera
⑨ pendientes
⑩ pañuelo
⑪ llavero
⑫ coletero • goma
⑬ horquilla
⑭ manecilla horaria
⑮ minutero
⑯ reloj de pulsera
⑰ pulsera • brazalete
⑱ tirantes

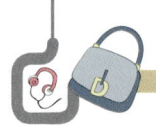

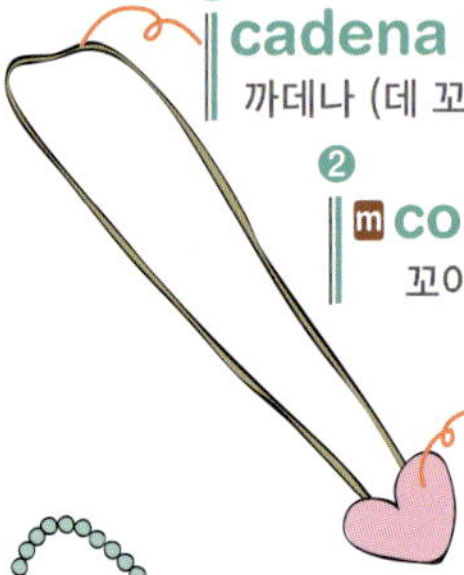

❶ cadena (de collar) 목걸이 줄
까데나 (데 꼬야르)

❷ m collar 목걸이
꼬야르

❸ pendiente de collar
뻰디엔떼 데 꼬야르
펜던트

❹ collar de cuentas
꼬야르 데 꾸엔따스
(구슬로 장식한) 목걸이

cuentas de rosario
묵주 목걸이

❺ m anillo 반지
아니요
- Ella llevaba varios **anillos**.
  그녀는 몇 개의 반지를 끼고 있었다.

anillo de compromiso 약혼반지

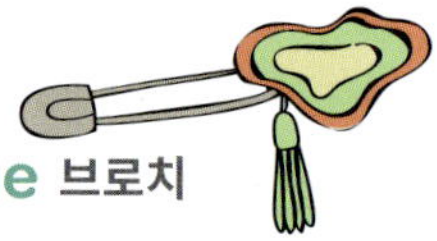

❻ m broche 브로치
브로체

broche de perla 진주 브로치

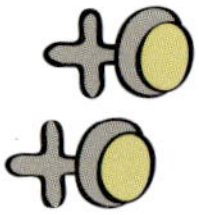

❼ m gemelos 커프스 단추
헤멜로스

un par de gemelos
한 쌍의 커프스 단추

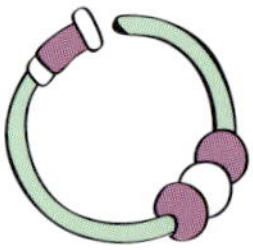

❽ f pulsera 팔찌
뿔쎄라
- ¿Dónde compraste esa **pulsera**?
  그 팔찌는 어디에서 샀나요?

❾ m pendientes 귀걸이
뻰디엔떼스
- Le quedan bien los **pendientes**.
  귀걸이가 당신에게 잘 어울려요

pendientes de plata 은 귀걸이

⑩ **m pañuelo** 손수건
빠뉴엘로
• Él puso el **pañelo** rojo en el bolsillo superior.
그는 붉은색 손수건을 앞가슴 주머니에 넣었다.

🏷 pañuelo arrugado 구겨진 손수건

⑪ **m llavero** 열쇠고리
야베로
• Yo colecciono **llaveros**.
나는 열쇠고리를 모은다.

⑫ **m coletero** 머리끈
꼴레떼로

f goma 머리끈
고마

⑭ **manecilla horaria** 시침
마네씨야 오라리아

⑮ **m minutero** 분침
미누떼로

⑬ **f horquilla** 머리핀
오르끼야

⑯ **reloj de pulsera** 손목시계
렐로흐 데 뿔쎄라

⑰ **f pulsera** 뱅글
뿔쎄라

m brazalete 뱅글
브라쌀레떼

⑱ **m tirantes** 멜빵
띠란떼스

🏷 ponerse los tirantes 멜빵을 메다

⑲ **m bolso** 핸드백
볼소

- Ella compró un **bolso** en esa tienda.
그녀는 그 가게에서 핸드백을 샀다.

⑳ **f cartera** 지갑
까르떼라

cartera gruesa 두툼한 지갑

㉑ **m pañuelo** 스카프
빠뉴엘로

f bufanda 머플러
부판다

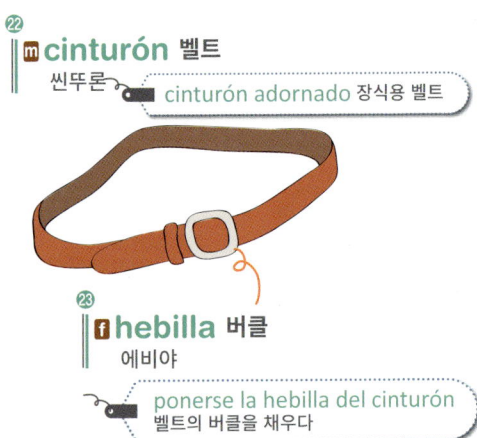

㉒ **m cinturón** 벨트
씬뚜론

cinturón adornado 장식용 벨트

㉓ **f hebilla** 버클
에비야

ponerse la hebilla del cinturón
벨트의 버클을 채우다

관련 어휘

- 안경 **gafas** 가파스 ・ 선글라스 **gafas de sol** 가파스 데 쏠 ・ 우산 **paraguas** 빠라구아스
- 파우치 **estuche de maquillaje** 에스뚜체 데 마끼야헤
- 진주 목걸이 **collar de perlas** 꼬야르 데 뻬를라스

다양한 보석류

- 다이아몬드 **diamante** 디아만떼 ・ 석류석 **granate** 그라나떼 ・ 루비 **rubí** 루비
- 토파즈(황옥) **topacio** 또빠씨오 ・ 사파이어(청옥) **zafiro** 싸피로 ・ 옥(비취) **jade** 하데
- 에메랄드 **esmeralda** 에스메랄다 ・ 오팔 **ópalo** 오빨로 ・ 자수정 **amatista** 아마띠스따
- 아콰마린(남옥) **aguamarina** 아구아마리나 ・ 오닉스 **ónix** 오닉스
- 감람석 **peridoto** 뻬리도또 ・ 터키석 **turquesa** 뚜르께싸

용도에 따른 가방의 종류

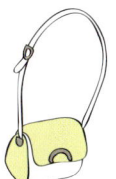
bolso 핸드백
볼소

bolso de hombro
볼소 데 옴브로
숄더백

bolso de mano
볼소 데 마노
토드백

mochila 책가방
모칠라

mochila 배낭
모칠라

maletín 서류가방
말레띤

🐧 Los pendientes son bonitos.
로스 뻰디엔떼스 손 보니또스

🌸 ¿Quiere probarse?
끼에레 쁘로바르쎄

🐧 ¿Cuánto cuestan?
꾸안또 꾸에스딴

🌸 Cuestan 95 euros.
꾸에스딴 노벤따이 씽꼬 에우로스

🐧 Me los llevo.
메 로스 예보

🐧 귀걸이가 예쁘네요.
🌸 착용해 보시겠어요?
🐧 가격이 얼마예요?
🌸 95 유로입니다.
🐧 그럼, 그거 주세요.

TalkTalk Tip

¿**Quiere** probarse los pendientes?
귀걸이를 착용해 보시겠어요?
      comer 뭐 좀 먹으러
      confirmar notas 점수를 확인하러
      ir al cine 영화 보러
      ir a comer 식사하러
      ir de copas 술 마시러

❷ **m f músico** 음악가
무씨꼬

● Él es uno de los mejores **músicos** de jazz.
그는 훌륭한 재즈 음악가 중 한 명이다.

❶ **m f jardinero** 정원사
하르디네로

 jardinero con experiencia
능숙한 정원사

❸ **pintor(-a)** 화가
삔또르(라)

 pintor abstracto 추상화가

❹ **arquitecto(a)** 건축가
아르끼떽또(따)

 arquitecto representativo del siglo XXI
21세기를 대표하는 건축가

❺ **bombero(a)** 소방관
봄베로(라)

● El **bombero** rescató a un niño del edificio en llamas.
소방관이 불타는 건물에서 아이를 구했다.

❻ **obrero de construcción** 공사장 인부
오브레로 데 꼰스뜨룩씨온

● Los **obreros de construcción** trabajan con riesgos.
공사장 인부들은 위험을 무릅쓰고 일한다.

❼ empresario(a)
엠쁘레사리오(아)
사업가

🏷 empresario exitoso
성공한 사업가

❽ abogado(a) 변호사
아보가도(다)

🏷 abogado defensor 피고측 변호인

❿ m f cartero 우편집배원
까르떼로

• El oficio de un **cartero** es recoger y repartir envíos postales.
우편집배원의 주요 업무는 우편물을 수집하고 배달하는 것이다.

❾ m f mecánico 기계공
메까니꼬

🏷 mecánico experto
숙련된 기계공

⓬ m f policía 경찰관
뽈리씨아

• Dos **policías** arrestaron a un ladrón en la calle.
두 명의 경찰이 길에서 강도를 체포했다.

⓫ secretario(a) 비서
쎄끄레따리오(아)

🏷 secretario ejecutivo 비서실장

⑬ vendedor(-a) telefónico(a)
벤데도르(라) 뗄리포니꼬(까)
텔레마케터

• Él recibió 8 llamadas del **vendedor telefónico**.
그는 어제 텔레마케터로부터 8번의 전화를 받았다.

⑮ m f mago 마술사
마고

• Había un mago en la fiesta.
파티에 마술사가 있었다.

⑭ agente de viajes 여행사 직원
아헨떼 데 비아헤스

• Si le parece difícil planear viajes y elegir destino de vacaciones, el **agente de viajes** le ayudará.
휴가지 선정이나 여행 준비가 어렵다고 생각된다면 여행사 직원의 도움을 받으세요.

⑯ ingeniero(a)
잉헤니에로(라)
기술자

ingeniero cualificado
자격이 있는 기술자

관련 어휘

- 아기보는 사람 niñero(a) 니녜로(라) ◈ 간호사 enfermero(a) 엔페르메로(라)
- 판사 juez(-a) 후에스(사) ◈ 주부 ama de casa 아마 데 까사
- 정육점 주인 carnicero 까르니쎄로 ◈ 약사 farmacéutico(a) 파르마쎄우띠꼬(까)
- 가사도우미 ama de llaves 아마 데 야베스 ◈ 수리공 técnico(a) 떼끄니꼬(까)
- 정비공 mecánico(a) 메까니꼬(까) ◈ 창고 담당자 encargado(a) de almacén 엔까르가도(다) 데 알마쎈
- 가게 주인 dueño(a) de la tienda/comerciante 두에뇨(냐) 데 라 띠엔다/꼬메르씨안떼
- 번역가 traductor(-a) 뜨라둑또르(라) ◈ 천문학자 astrónomo(a) 아스뜨로노모(마)
- 미용사 peluquero(a) 뻴루께로(라) ◈ 청소부 basurero 바쑤레로
- 꽃집 주인 florista 플로리스따 ◈ 어부 pescador(-a) 뻬스까도르(라)
- 사서 bibilotecario(a) 비블리오떼까리오(아) ◈ 인명구조원 socorrista 소꼬리스따
- 목사 sacerdote(tisa) 사쎄르도떼(띠싸) ◈ 사제 cura 꾸라 ◈ 배관공 fontanero(a) 폰따네로(라)
- 부동산 중개인 agente inmobiliario(a) 아헨떼 인모빌리아리오(아) ◈ 점원 dependiente(a) 데뻰디엔떼(따)
- 프로그래머 programador(-a) 쁘로그라마도르(라) ◈ 물리치료사 fisioterapeuta 피씨오떼라뻬우따

요즘 스페인에서 선호하는 직업 또는 뜨는 직업

스페인 경제 위기로 인해 실업률이 계속 증가하고 있다. 사회 문제가 되는 일명 청년 백수를 nini 니니, 공부도 일도 하지 않는 청년을 이렇게 부른다. 반대로 공부도 하고 일도 하는 청년을 sisi 씨씨 라고도 부른다. 또한 임시계약직과 저임금 근로자들이 많아 mileurista 밀에우리스따 (월급이 1,000유로인 청년들)라는 말도 있다. 이로 인해 대다수의 청년은 이민과 해외 취업을 계획하고 떠나는 추세다. 계속되는 실업률 증가에도 불구하고 sisi들을 보는 nini들은 사회가 매우 불공평하다고 얘기한다.

선호직업 및 뜨는 직업

ingeniero(a) 엔지니어
잉헤니에로(라)

programador(-a) 프로그래머
쁘로그라마도르(라)

mercadotécnico(a) 마케팅 담당자
메르까도떼끄니꼬(까)

dependiente(a) con inglés 영어 잘하는 점원
데뻰디엔떼(따) 꼰 잉글레스

product mánager 제품 담당 책임자
프로덕트 메니져

ingeniero(a) industrial 산업 엔지니어
잉헤니에로(라) 인두스뜨리알

turismo internacional 국제 관광
뚜리스모 인떼르나씨오날

🗨️ **¿A qué se dedica él?**
아 께 세 데디따 엘

🌱 **Él es jardinero.**
엘 에스 하르디네로

🗨️ **¿Qué hace un jardinero?**
께 아쎄 운 하르디네로

🌱 **El jardinero cuida las plantas del jardín.**
엘 하르디네로 꾸이다 라스 쁠란따스 델 하르딘

🗨️ 그의 직업이 무엇입니까?
🌱 그는 정원사입니다.
🗨️ 정원사는 무엇을 하죠?
🌱 정원사는 정원의 나무를 가꾸는 일을 해요.

TalkTalk Tip

Él/Ella es jardinero.
그는(그녀는) 정원사입니다.
　　　　empresario(a) 사업가
　　　　arquitecto(a) 건축가

❶ panadero(a) 제빵사
빠나데로(라)

● El **panadero** hace una galleta original.
제빵사는 개성 있는 비스킷을 만들고 있다.

❸ fotógrafo(a) 사진가
포또그라포(파)

❷ m f artista 예술인
아르띠스따

🏷 artista famoso(a) 유명한 예술인

❹ agricultor(-a) 농부
아그리꿀또르(라)

🏷 agricultor orgánico 유기농 농부

❻ ingeniero(a) informático(a)
잉헤니에로(라) 인포르마띠꼬(까)
컴퓨터 공학자

● Los **ingenieros informáticos** desarrollan software que funciona en nuestro ordenador.
컴퓨터 공학자들은 우리가 쓰는 컴퓨터가 작동할 수 있는 소프트웨어를 개발한다.

❺ m f conserje 수위, 경비
꼰세르헤

🏷 conserje escolar 학교 수위

❼ **veterinario(a)** 수의사
베떼리나리오(아)

- Si su perro está malo, verifique con un **veterinario** antes de pasear.
  당신의 개가 건강하지 않다면 산책시키기 전에 수의사에게 확인하세요.

❽ **profesor(-a)** 선생님
쁘로페쏘르(라)

instructor(-a) 강사
인스뜨룩또르(라)

ser profesor(-a) de universidad
대학교수가 되다

❾ **sastre(a)** 재단사
싸스뜨레(라)

- El **sastre** ha hecho miles de trajes.
  그 재단사는 수천 벌의 정장을 만들었다.

❿ m f **piloto** 비행기 조종사
삘로또

error del piloto 조종사 실수

⓫ **repartidor(-a)** 배달원
레빠르띠도르(라)

- El **repartidor** recoge y reparte documentos y paquetes.
  배달원은 문서나 소포를 받아서 배달한다.

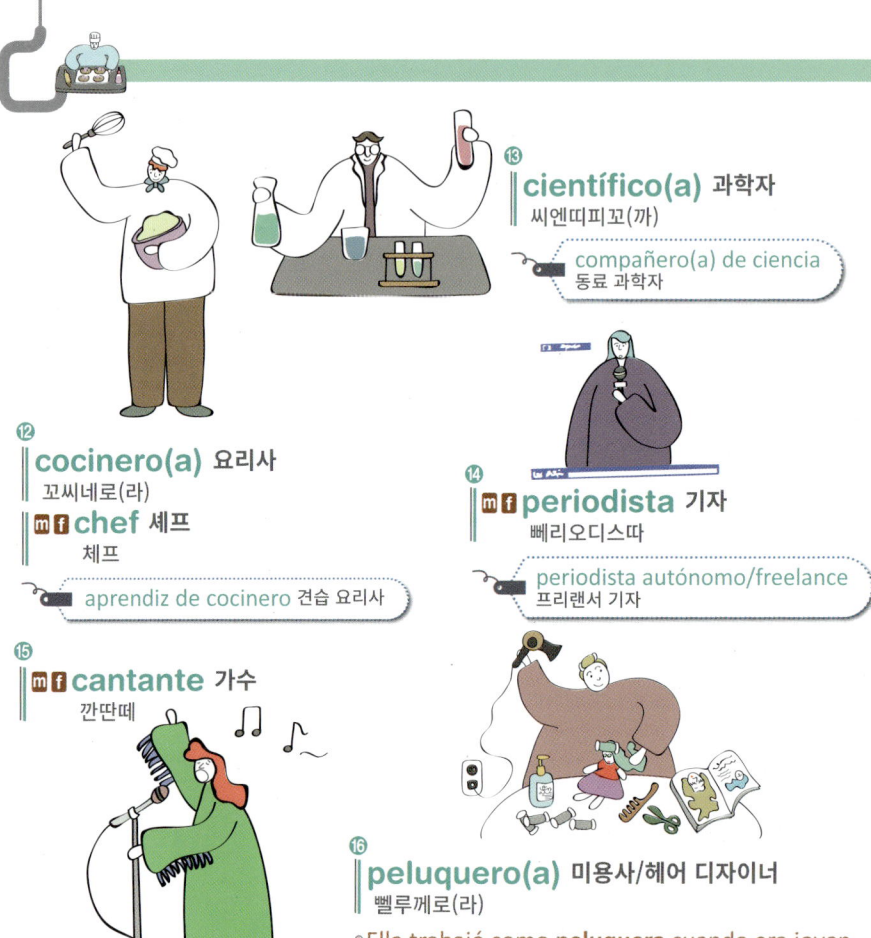

⑬ **científico(a)** 과학자
씨엔띠피꼬(까)

compañero(a) de ciencia
동료 과학자

⑫ **cocinero(a)** 요리사
꼬씨네로(라)
m f **chef** 셰프
체프

aprendiz de cocinero 견습 요리사

⑭ m f **periodista** 기자
뻬리오디스따

periodista autónomo/freelance
프리랜서 기자

⑮ m f **cantante** 가수
깐딴떼

⑯ **peluquero(a)** 미용사/헤어 디자이너
뻴루께로(라)

● Ella trabajó como **peluquera** cuando era joven.
그녀는 젊었을 때 미용사로 일했다.

관련 어휘

- 치과의사 **dentista** 덴띠스따 외과의사 **cirujano(a)** 씨루하노(나) 이발사 **peluquero** 뻴루께로
- 목수 **carpintero(a)** 까르뻰떼로(라) 경비원 **vigilante de seguridad** 비힐란떼 데 쎄구리닫
- 출납원 **cajero(a)** 까헤로(라) 회계사 **contador(-a)** 꼰따도르(라)
- 고객 서비스 상담원 **representante de atención al cliente** 레쁘레쎈딴떼 데 아뗀씨온 알 끌리엔떼

시간이나 장소에 따라 달라지는 근무 형태

trabajo de media jornada
뜨라바호 데 메디아 호르나다
아르바이트
시간이나 장소에 따라
달라지는 근무 형태

trabajo de jornada completa
뜨라바호 데 호르나다 꼼쁠레따
상근직
전 시간 근무하는 형태

teletrabajo 재택근무
뗄레뜨라바호
집에서 회사의 업무를
보는 형태

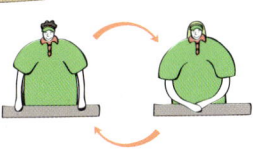

trabajo a turnos
뜨라바호 아 뚜르노스
시프트 근무
교대 근무 형태

TALK! TALK!

🧢 Lucía, ¿qué quieres ser de mayor?
루씨아 께 끼에레스 세르 데 마요르

👩 Quiero ser peluquera.
끼에로 세르 뻴루께라

🧢 ¿Qué quieres hacer siendo peluquera?
께 끼에레스 아쎄르 시엔도 뻴루께라

👩 Voy a mejorar la apariencia de la gente.
보이 아 메호라를 라 아빠리엔씨아 데 라 헨떼

🧢 루시아, 커서 뭐가 되고 싶니?
👩 나는 미용사가 되고 싶어요.
🧢 미용사가 되면 뭘 하고 싶은데?
👩 사람들의 외모를 멋지게 꾸며 줄 거예요.

> **TalkTalk Tip**
> **De mayor quiero ser científico(a).**
> 나 커서 과학자가 되고 싶어.
> **panadero(a)** 제빵사
> **artista** 예술가

Escuela 학교

DAY 25 학교 과목 공부, 인생 공부보다 쉽다!

¿Cuál era tu asignatura favorita?
가장 좋아하는 과목이 뭐였어요?

Mi asignatura favorita era el español.
가장 좋아하는 과목은 스페인어였어요.

❶ jardín de infancia
❷ escuela primaria
❸ escuela secundaria
❹ bachillerato
❺ salud e higiene

❶ jardín de infancia 유치원
하르딘 데 인판씨아

❷ escuela primaria 초등학교
에스꾸엘라 쁘리마리아

❸ escuela secundaria 중학교
에스꾸엘라 세꾼다리아

❹ ⓜ bachillerato
바치예라또
고등학교

❺ salud e higiene 보건
살룯 에 이히에네

• La educación de **salud e higiene** es un currículo muy importante en muchas escuelas.
대부분의 학교에서 보건 교육은 커리큘럼의 중요한 부분이다.

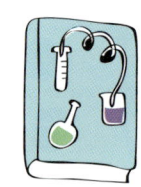

❼ f ciencias 과학
씨엔씨아스

❻ ⓜ español 스페인어
에스빠뇰

• Tendré que ir a clases de verano si suspendo el **español**.
스페인어 수업에 낙제하면 서머스쿨을 가야 한다.

⑧ m arte 미술
아르떼

- Mi asignatura favorita es el **arte**.
  내가 좋아하는 과목은 미술입니다.

⑨ f historia 역사
이스또리아

historia contemporánea 현대사

⑩ f geografía 지리
헤오그라피아

- Mi asignatura favorita es la **geografía**.
  내가 좋아하는 과목은 지리입니다

geografía política 정치지리학
geografía social 사회지리학

⑪ f biología 생물학
비올로히아

- Me interesa mucho la **biología**.
  나는 생물학에 관심이 있습니다.

biología marina 해양생물학
biología molecular 분자생물학

⑫ f química 화학
끼미까

grado en química 화학 학위

⑬ f música 음악
무씨까

⑭ educación física 체육
에두까씨온 피시까

- ¿Qué hace en la clase de **educación física**?
  체육 시간에 주로 무엇을 합니까?

⑮ **f matemáticas** 수학
마떼마띠까스

• Es difícil resolver este problema de **matemáticas**.
이 수학 문제를 풀기가 어렵다.

⑯ **m inglés** 영어
잉글레스

inglés como lengua internacional
국제어로서의 영어

⑰ **f física** 물리학
피시까

• La física es la más difícil de las asignaturas.
물리학은 가장 어려운 과목 중 하나이다.

la ley de física 물이학의 법칙

관련 어휘

- 운전교육 educación vial 에두까씨온 비알
- 프랑스어 francés 프란쎄스
- 가정 economía doméstica 에꼬노미아 도메스띠까
- 공예 arte industrial 아르떼 인두스뜨리알
- 실무교육 enseñaza práctica 엔세냔사 쁘락띠까
- 컴퓨터공학 ingeniería informática 잉헤니에리아 인포르마띠까
- 창작 escritura creativa 에스끄리뚜라 끄레아띠바
- 음악감상 apreciación de música 아쁘레씨아씨온 데 무씨까
- 해부학/생리학 anatomía/fisiología 아나또미아/피씨올로히아
- 천문학 astronomía 아스뜨로노미아
- 식물학 botánica 보따니까
- 무기화학 química inorgánica 끼미까 이노르가니까
- 동물학 zoología 쏘오로히아
- 인류학 antropología 안뜨로뽈로히아
- 사회학 sociología 소씨올로히아
- 미술사 historia de arte 이스또리아 데 아르떼
- 음악이론 teoría de música 떼오리아데 무씨까
- 유럽사 historia de Europa 이스또리아 데 에우로빠
- 인문지리 geografía humana 헤오그라피아 우마나
- 거시경제학 macroeconomía 마끄로에꼬노미아
- 미시경제학 microeconomía 미끄로에꼬노미아
- 심리학 psicología 씨꼴로히아
- 미국사 historia de los Estados Unidos 이스또리아 데 에스따도스 우니도스
- 세계사 historia universal 이스또리아 우니베르쌀
- 미적분 cáculo 깔꿀로
- 통계학 estadística 에스따디스띠까
- 환경과학 ciencias ambientales 씨엔씨아스 암비엔딸레스
- 라틴어 latín 라띤

성인이 되어서 갈 수 있는 다양한 종류의 학교들

escuela de adultos 에스꾸엘라 데 아둘또스 성인학교
escuela vocacional/profesional 에스꾸엘라 보까씨오날/쁘로페씨오날 직업학교
instituto de formación profesional
　인스띠뚜또 데 포르마씨온 쁘로페씨오날 지역 전문대학
facultad 파꿀딷 전문대학
universidad 우니베르씨닫 대학
escuela de posgrado 에스꾸엘라 데 뽀스그라도 대학원
facultad de derecho 파꿀딷 데 데레초 로스쿨/법대
facultad de medicina 파꿀딷 데 메디씨나 메디컬스쿨/의대

🔵 ¿Cuál era tu asignatura favorita?
　꾸알 에라 뚜 아시그나뚜라 파보리따

🟢 Mi asignatura favorita era el español.
　미 아시그나뚜라 파보리따 에라 엘 에스빠뇰

🔵 ¿Hablabas bien español?
　아블라바스 비엔 에스빠뇰

🟢 Sí, casi siempre tenía buenas notas en el examen de español.
　씨 까씨 씨엠쁘레 떼니아 부에나스 노따스 엔 엘 엑사멘 데 에스빠뇰

🔵 가장 좋아하는 과목이 뭐였어요?
🟢 가장 좋아하는 과목은 스페인어였어요.
🔵 스페인어를 잘 했나요?
🟢 네. 대부분의 스페인어 시험에서 좋은 점수를 받았어요.

TalkTalk Tip

Mi asignatura favorita era la física.
　가장 좋아하는 과목은 물리학이었어요.

el inglés 영어　**la educación física** 체육　**el arte** 미술

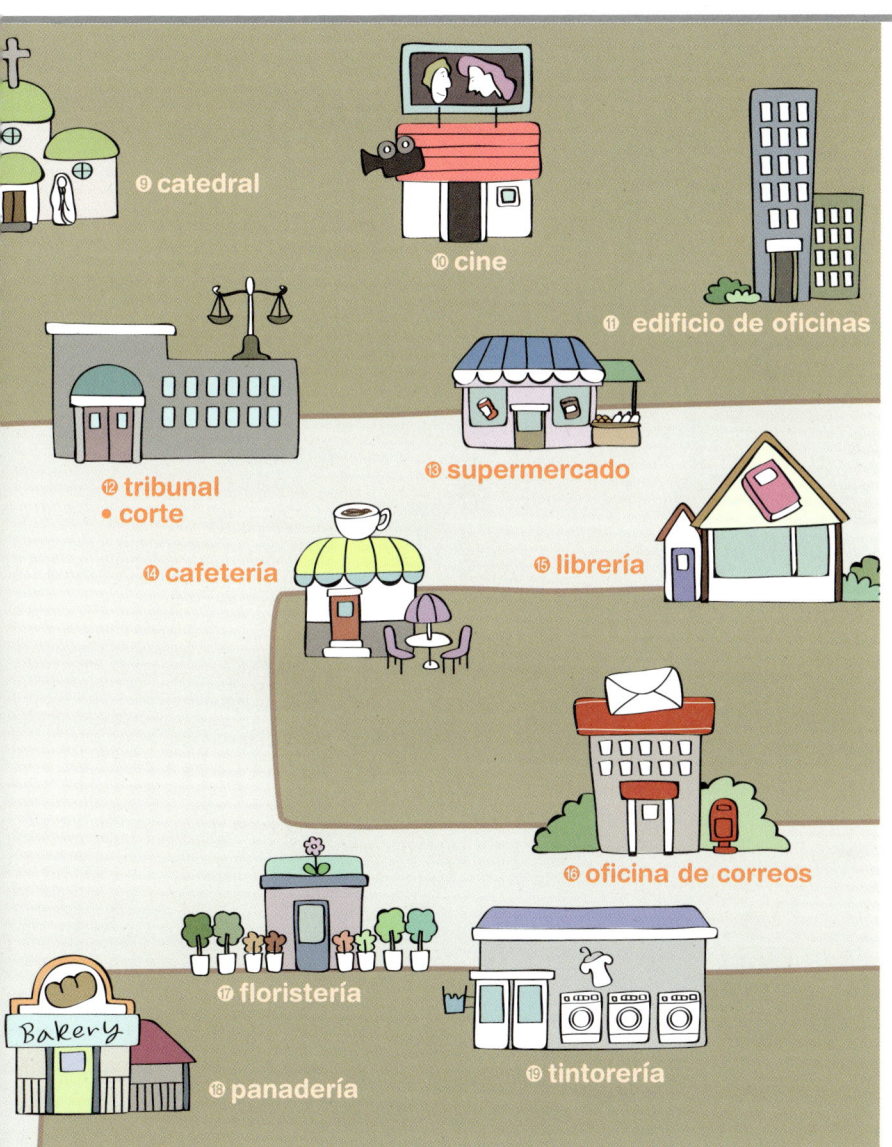

❶ **m ayuntamiento** 시청
아윤따미엔또

• ¿Cómo puedo llegar al **ayuntamiento**?
시청에 어떻게 가야 합니까?

❷ **centro comercial** 쇼핑몰
쎈뜨로 꼬메르씨알

• Este es el **centro comercial** más grande del mundo.
여기가 세계에서 가장 큰 쇼핑몰이다.

❸ **terminal de autobuses**
떼르미날 데 아우또부쎄스
버스 터미널

❹ **f iglesia** 교회
이글레씨아

• Los domingos voy a la **iglesia** con mi familia.
나는 매주 일요일마다 가족과 함께 교회에 간다.

❺ **f comisaría** 경찰서
꼬미사리아

• El policía lo llevó a la **comisaría**.
경찰이 그를 경찰서로 데려갔다.

comisaría del barrio 지역 경찰서

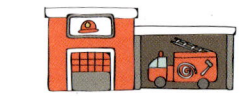

❻ **parque de bomberos**
빠르께 데 봄베로스
소방서

• El **parque de bomberos** no está lejos de aquí.
소방서는 여기서 멀지 않다.

llamar al parque de bomberos por el incendio
소방서에 화재 신고를 하다

❼ **m banco** 은행
방꼬

• Él fue al **banco** para pedir un préstamo.
그는 융자를 받기 위해 은행에 갔다.

saldo bancario 은행 잔액
cuenta bancaria 은행 계좌

DAY 26 Comunidad 지역사회

⑧ **m parque** 공원
빠르께

* En el **parque** hay un lago grande.
  공원에 큰 호수가 있다.

reserva natural 야생동물보호 지역

⑨ **f catedral** 성당
까떼드랄

* Me gustaría visitar la hermosa **catedral** de España.
  스페인에 있는 아름다운 대성당에 가 보고 싶다.

catedral medieval 중세시대 성당

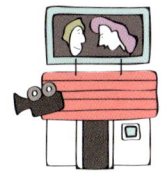

⑩ **m cine** 영화관, 극장
씨네

cine de estreno 개봉관

⑪ **edificio de oficinas** 사무용 빌딩
에디피씨오 데 오피씨나스

* Hay muchos **edificios de oficinas** en esta calle.
  이 거리에는 사무용 빌딩이 많다.

edificio de oficinas de dos pisos
2층짜리 사무용 빌딩

⑫ **m tribunal** 법원
뜨리부날

f corte 법원
꼬르떼

tribunal histórico
역사적으로 중요한 법원

⑬ **m supermercado** 슈퍼마켓
쑤뻬르메르까도

* Compramos alimentos en el **supermercado**.
  우리는 대부분 슈퍼마켓에서 식료품을 산다.

gerente de supermercado 슈퍼마켓 매니저

⑭ **f cafetería** 커피숍
까페떼리아

nueva cafetería inaugurada
새로 개업한 커피숍

⑮ **librería** 서점
리브레리아

librería online
온라인 서점

⑯ **oficina de correos**
오피씨나 데 꼬레오스
우체국

⑰ **floristería** 꽃집
플로리스떼리아

⑱ **panadería** 빵집
빠나데리아

• La **panadería** es famosa por medialuna.
이 빵집은 크루아상으로 유명하다.

⑲ **tintorería** 세탁소
띤또레리아

관련 어휘

- 백화점 grandes almacenes 그란데스 알마쎄네스
- 주유소 gasolinera 가솔리네라
- 식료품 가게 tienda de ultramarinos/albarrotes 띠엔다 데 울뜨라마리노스/알바로떼스
- 약국 farmacia 파르마씨아
- 미용실 peluquería 뻴루께리아
- 병원 hospital 오스삐딸
- 호텔 hotel 오뗄
- 보석 가게 joyería 호예리아
- 도서관 biblioteca 비블리오떼까
- 애완동물 가게 tienda de mascotas 띠엔다 데 마스꼬따스
- 신발 가게 zapatería 싸빠떼리아
- 기차역 estación de tren 에스따씨온데 뜨렌
- 여행사 agencia de viajes 아헨씨아 데 비아헤스
- 장남감 가게 juguetería 후게떼리아
- 지하철역 estación de metro 에스따씨온 데 메뜨로

도로에서 볼 수 있는 것들

- 교통신호등 semáforo 쎄마포로
- 도로명 게시판 cartel indicador 까르뗄 인디까도르
- 교차로 intersección 인떼르섹씨온
- 가로등 farola 파롤라
- 보도(인도) acera 아쎄라
- 횡단보도 paso de peatones 빠소 데 뻬아또네스
- 지하도 paso subterráneo 빠소 숩떼라네오
- 주차 공간 zona de aparcamiento 쏘나 데 아빠르까미엔또

방향을 나타내는 다양한 표현

girar a la izquierda
히라르 아 라 이쓰끼에르다
왼쪽으로 돌다

girar a la derecha
히라르 아 라 데레차
오른쪽으로 돌다

seguir recto
세기르 렉또
직진하다

pasar
빠사르
지나치다

cruzar
끄루싸르
길을 건너다

en la esquina de
엔 라 에스끼나 데
~의 모퉁이에

al lado de
알 라도 데
~의 옆에

enfrente de
엔프렌떼 데
~의 반대편에

entre~ y~
엔뜨레 이
~과 ~의 사이에

🗣 **Perdone, ¿cómo puedo llegar al centro comercial?**
뻬르도네 꼬모 뿌에도 예가르 알 쎈뜨로 꼬메르씨알

🗣 **Siga recto por esta calle y en la esquina gire a la derecha.**
씨가 렉또 뽀르 에스따 까예 이 엔 라 에스끼나 히레 아 라 데레차

🗣 **¿Seguir recto y girar a la derecha en la esquina?**
쎄기르 렉또 이 히라르 아 라 데레차 엔 라 에스끼나

🗣 **Sí, correcto. A la derecha podrá ver el centro comercial.**
씨 꼬렉또 아 라 데레차 뽀드라 베르 엘 쎈뜨로 꼬메르씨알

🗣 **Gracias.**
그라씨아스

🗣 실례합니다만, 쇼핑몰에 어떻게 가야 하나요?
🗣 이 길을 따라 곧장 가서서 모퉁이에서 오른쪽으로 돌아가세요.
🗣 직진해서 모퉁이에서 오른쪽이라구요?
🗣 맞아요. 오른쪽에 쇼핑몰이 보일 거예요.
🗣 고마워요.

> **TalkTalk Tip**
>
> **Perdone, ¿cómo puedo llegar a la florsitería?**
> 실례합니다만 꽃가게에 어떻게 가야 하나요?
> **a la cafetería** 커피숍
> **al museo** 박물관

❶ m erizo 고슴도치
에리쏘

*El **erizo** es una especie de roedores.
고슴도치는 설치류이다.

❷ m mapache 너구리
마빠체

piel de mapache 너구리 털

❸ oso polar 북극곰
오소 뽈라르

❹ m venado 사슴
베나도
ciervo(a) 사슴
씨에르보(바)

venado rojo 붉은사슴

❺ f rata 쥐
라따

ratas de laboratorio 실험용 쥐

❻ ardilla listada 얼룩 다람쥐
아르디야 리스따다

*La **ardilla listada** es una especie de roedor de la familia de los esciúridos.
얼룩 다람쥐는 다람쥐과의 설치류다.

❼ m camello 낙타
까메요

abrigo color camel 캐밀 코트

DAY 27
Animales terrestres 육지동물

⑧ **f ardilla** 다람쥐
아르디야

• La **ardilla** corrió deprisa cruzando el césped.
다람쥐가 잔디를 가로질러 쪼르르 달려갔다.

⑨ **m elefante** 코끼리
엘레판떼

🏷️ manada de elefantes 코끼리 무리

⑩ **m hipopótamo** 하마
이뽀뽀따모

⑪ **m rinoceronte** 코뿔소
리노쎄론떼

• Los cazadores furtivos mataron a un **rinoceronte** negro por su cuerno.
밀렵꾼들이 뿔 때문에 검은코뿔소를 죽였다.

⑫ **león/leona** 사자
레온/레오나

🏷️ cachorro(a) (de león) 새끼 사자

⑬ **m leopardo** 표범
레오빠르도

🏷️ leopardo de las nieves 눈표범

리스타트 스페인어 단어장 167

⑭ f jirafa 기린
히라파

La **jirafa** es el mamífero más alto del mundo.
기린은 지구상에서 가장 키가 큰 포유류이다.

⑮ f cebra 얼룩말
쎄브라

camisa con estampado de cebra
얼룩무늬 셔츠

⑯ m canguro 캥거루
깡구로

Los **canguros** poseen poderosas patas traseras, pequeñas patas delanteras y una cola larga y musculosa.
캥거루는 힘 있는 뒷다리와 강하고 긴 꼬리 그리고 짧은 앞다리를 가졌다.

관련 어휘

- 금붕어 **pez de colores** 뻬스 데 꼴로레스
- 고양이 **gato(a)** 가또(따)
- 새끼고양이 **cachorro (de gato)** 까초로 데 가또
- 개 **perro(a)** 뻬로(라)
- 강아지 **cachorro** 까초로
- 조랑말 **poni** 뽀니
- 당나귀 **asno(a)** 아스노(나)
- 박쥐 **murciélago** 무르씨엘라고
- 여우 **zorro(a)** 쏘로(라)
- 늑대 **lobo(a)** 로보(바)
- 토끼 **conejo(a)** 꼬네호(하)
- 말 **caballo** 까바요
- 원숭이 **mono(a)** 모노(나)
- 호랑이 **tigre/tigresa** 띠그레/띠그레싸
- 곰 **oso(a)** 오소(사)
- 치타 **guepardo** 구에빠르도
- 하이에나 **hiena** 이에나
- 코요테 **coyote** 꼬요떼
- 코알라 **koala** 꼬알라
- 스컹크 **mofeta** 모페따
- 염소 **cabra** 까브라
- 양 **oveja** 오베하
- 새끼 양 **cordero** 꼬르데로
- (숫)소 **toro** 또로
- 송아지 **ternero** 떼르네로

동물들의 특징을 나타내는 명칭

cuerno 뿔
꾸에르노

rinoceronte 코뿔소
리노쎄론떼

leopardo 표범
레오빠르도

pata 발
빠따

joroba 혹
호로바

camello 낙타
까메요

rayas 줄무늬
라야스

cebra 얼룩말
쎄브라

trompa 코
뜨롬빠

colmillo
꼴미요
상아

elefante
엘레판떼
코끼리

melena 갈기
멜레나

león 사자
레온

bolsa
볼사
새끼 주머니

canguro 캥거루
깡구로

🗨 ¿Cuáles son las características del camello?
꾸알레스 쏜 라스 까락떼리스띠까스 델 까메요

🗨 Tienen dos jorobas. Algunos camellos tienen una sola joroba.
띠에넨 도스 호로바스 알구노스 까메요스 띠에엔 우나 솔라 호로바

🗨 ¿Qué más?
께 마스

🗨 Comen plantas de desierto como hierbas y hojas.
꼬멘 쁠란따스 데 데씨에르또 꼬모 이에르바스 이 오하스

🗨 낙타의 특징이 무엇이죠?
🗨 등에 혹이 두 개 있는 거예요.
  혹이 하나만 있는 낙타도 있어요.
🗨 또 다른 특징은요?
🗨 잔디나 나뭇잎 같은 사막 식물을 먹어요.

TalkTalk Tip

¿Cuáles son las características del camello?
낙타의 특징이 무엇이죠?

la jirafa 기린
la cebra 얼룩말

❶ **delfín** 돌고래
델핀

*Hoy en día, es un buen momento para ver **delfines** en el mar.
요즘이 가까운 바다에서 돌고래를 보기에 좋은 때이다.

❷ **medusa** 해파리
메두싸

picadura de medusas 해파리에 쏘인 상처

❸ **pez espada** 황새치
뻬스 에스빠다

❹ **pulpo** 문어
뿔뽀

*Se han identificado más de 300 especies de **pulpo**.
문어의 종류는 약 300여 종이라고 알려져 있다.

❺ **ballena** 고래
바예나

orca 범고래

❻ **estrella de mar** 불가사리
에스뜨레야 데 마르

*Las **estrellas de mar** son también llamadas estrellas en el mar.
불가사리는 바다의 별이라고도 불리운다.

❼ **cangrejo** 게
깡그레호

cangreo de río 민물게

⑧ f raya 가오리
라야

• Las **rayas** no parecen un pez pero se clasifican como un pez.
가오리는 물기처럼 보이지 않지만 물고기이다.

⑨ tortuga marina 바다거북
또르뚜가 마리나

• Las **tortugas marinas** vuelven al lugar de su nacimiento para poner huevos.
바다거북은 알을 낳기 위해 자신이 태어난 곳으로 돌아온다.

⑩ nutria marina 해달
누뜨리아 마리나

⑪ lobo marino 바다 표범
로보 마리노

lugar de nacimiento de lobo marino
바다표범의 출생지

⑫ m tiburón 상어
띠부론

tiburón caníbal 식인 상어

⑬ **m atún** 참치
아뚠
lata de atún 참치 통조림

⑭ **f anguila** 장어
앙길라
anguila resbaladiza
미끈미끈한 장어

⑮ **m calamar** 오징어
깔라마르
tinta de calamar
오징어 먹물

⑯ **caballito de mar** 해마
까바이또 데 마르

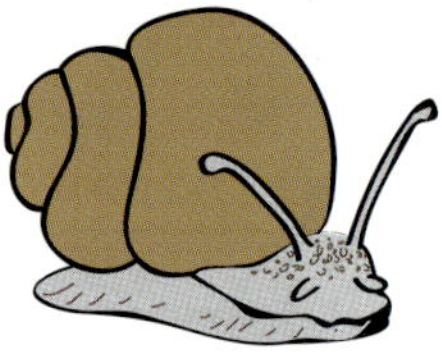

⑰ **caracol marino** 바다달팽이
까라꼴 마리노

관련 어휘

- 조류 **algas** 알가스
- 해초 **alga marina** 알가 마리나
- 해면 **esponja** 에스뽕하
- 플랑크톤 **plancton** 쁠랑똔
- 산호초 **arrecife de coral** 아레씨페 데 꼬랄
- 암초 **arrecife** 아레씨페
- 전복 **oreja de mar** 오레하 데 마르
- 엔젤 피시 **pez ángel** 뻬스 앙헬
- 복어 **pez globo** 뻬스 글로보
- 대구 **bacalo** 바깔라오
- 도다리 **platija** 쁠라띠하
- 물개 **foca** 포까
- 갈매기 **gaviota** 가비오따
- 청어 **arenque** 아렝께
- 수달 **nutria** 누뜨리아
- 바다코끼리 **morsa** 모르사

물고기의 부위별 명칭

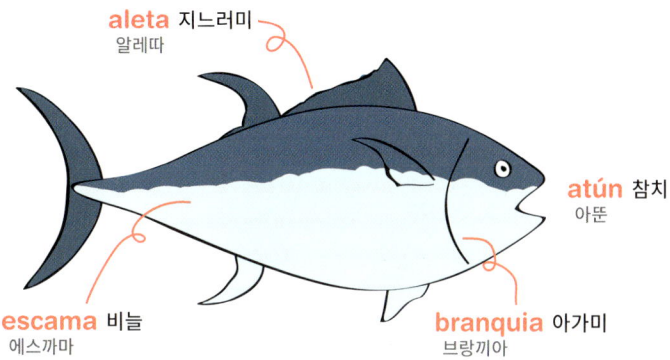

- **aleta** 지느러미
  알레따
- **atún** 참치
  아뚠
- **escama** 비늘
  에스까마
- **branquia** 아가미
  브랑끼아

🗣 ¿Qué tal tu viaje en crucero?
께 딸 뚜 비아헤 엔 끄루쎄로

🗣 Maravilloso. Vi tortugas marinas nadando en el mar.
마라비요소 비 또르뚜가스 마리나스 나단도 엔 엘 마르

🗣 ¡Qué bien!
께 비엔

🗣 Era hermoso. Te recomiendo que hagas un viaje en crucero.
에라 에르모소 떼 레꼬미엔도 께 아가스 운 비아헤 엔 끄루쎄로

- 크루즈 여행 어땠어?
- 대단했어. 바다를 헤엄치는 바다거북을 봤어.
- 정말 좋았겠네.
- 정말 아름답더라.
  너도 크루즈 여행을 꼭 한번 해 봐.

TalkTalk Tip

Vi **peces espada** nadando en el mar.
바다를 헤엄치는 황새치를 보았어요.
delfines 돌고래
rayas 가오리

Naturaleza 자연
DAY 29 이만하면 귀엽지 않니?

¿Tiene mascotas?
애완동물을 기르고 있나요?

Sí. Tengo dos iguanas.
네. 이구아나가 두 마리 있어요.

Reptiles

❶ lagarto(a)
❷ camaleón
❸ tortuga terrestre
❹ iguana
❺ caparazón
❻ tortuga marina
❼ cocodrilo
❽ aligátor

Reptiles 렙띨레스 **파충류**

❶ lagarto(a) 도마뱀
라가르또(따)

- Algunos **lagartos** se desprenden de su cola.
  몇몇 도마뱀은 자신들의 꼬리를 잘라낸다.

❷ m camaleón 카멜레온
까말레온

- Ella tiene un **camaleón** como mascota.
  그녀는 카멜레온을 애완동물로 키운다.

❸ m tortuga terrestre
또르뚜가 떼레스뜨레
육지 거북

- Las **tortugas terrestres** tienen un férreo caparazón que puede protege su cuerpo.
  육지 거북은 자신의 몸을 보호할 수 있는 단단한 껍질을 가지고 있다.

❹ f iguana 이구아나
이구아나

- Las **iguanas** verdes pueden vivir más de 20 años.
  초록색 이구아나는 20년 이상 살 수 있다.

❺ m caparazón 등딱지
까빠라쏜

❻ tortuga marina 바다거북
또르뚜가 마리나

❼ m cocodrilo 악어
꼬꼬드릴로

⑧ m aligátor 앨리게이터
알리가또르

• Los **aligátores** viven en ambientes de agua dulce.
앨리게이터는 맑은 물이 있는 환경에서 산다.

Anfibios 안피비오스 양서류

⑨ huevas de rana
우에바스 데 라나
개구리 알

⑩ m renacuajo 올챙이
레나꾸아호

⑫ f serpiente 뱀
쎄르삐엔떼

⑪ f rana 개구리
라나

⑬ m sapo 두꺼비
싸뽀

• Aquí es donde los **sapos** entraron.
이 곳이 두꺼비들이 들어온 곳입니다.

⑭ serpiente de cascabel 방울뱀
쎄르삐엔떼 데 까스까벨

• Las **serpientes de cascabel** son famosas por su ruido de sonajero.
방울뱀은 딸랑거리는 소리로 유명하다.

⑮ **cobra** 코브라
꼬브라

cobra real 킹코브라

⑯ **serpiente pitón** 비단 구렁이
쎄르삐엔떼 삐똔

Los **serpientes pitones** viven cerca del ecuador donde hace calor y hay humedad.
비단구렁이는 덥고 습한 적도 근처에 산다.

관련 어휘

- 냉혈 동물 animal de sangre fría 아니말 데 쌍그레 프리아
- 비늘로 뒤덮힌 피부 piel escamosa 삐엘 에스까모싸 ▪ 촉촉한 피부 piel húmeda 삐엘 우메다
- 건조한 피부 piel seca 삐엘 쎄까

뱀 종류

- 살무사 víbora 비보라 ▪ 아나콘다 anaconda 아나꼰다
- 보아뱀 boa constrictor 보아 꼰스뜨릭또르 ▪ 코브라 cobra 꼬브라
- 불스테이크 serpiente toro 쎄르삐엔떼 또로 ▪ 산호뱀 serpiente coral 쎄르삐엔떼 꼬랄
- 독사 víbora 비보라 ▪ (황갈색) 독사 cabeza de cobre 까베싸 데 꼬브레

도마뱀 종류

- 목도리도마뱀 lagarto volante de cuello 라가르또 볼란떼 데 꾸에요
- 무족도마뱀 lagarto ápodo 라가르또 아뽀도

거북 종류

- 상자거북 tortuga de caja 또르뚜가 데 까하
- 사향거북 tortuga almizclera 또르뚜가 알미쓰끌레라
- 진흙거북 tortuga de barro 또르뚜가 데 바로
- 자라 tortuga de caparazón blando 또르뚜가 데 까빠라쏜 블란도
- 북미산 식용거북 tortuga mordedora 또르뚜가 모르데도라
- 붉은바다거북 tortuga boba 또르뚜가 보바

같은 듯 다른 특징을 가진 동물들

Tortuga terrestre
또르뚜가 떼레스뜨레
육지 거북

Tortuga marina
또르뚜가 마리나
바다거북

1. Tortuga terrestre 또르뚜가 떼레스레와 Tortuga marina 또르뚜가 마리나는 모두 파충류이지만 tortuga terrestre는 육지에 살고 tortuga marina는 물에 살거나 물 주변에 서식해요.

Aligátor
알리가또르
앨리게이터

cocodrilo
꼬꼬드릴로
크로커다일

2. Aligátor 알리가또르는 주둥이가 U자이고 입을 닫았을 때 이가 보이지 않는데 Cocodrilo 꼬꼬드릴로는 주둥이가 V자이고 입을 닫았을 때 이가 들쭉날쭉 보여요.

Reptiles y Anfibios 파충류와 양서류

TALK! TALK!

🐤 ¿Tiene mascotas?
띠에네 마스꼬따스

🐢 Sí. Tengo dos iguanas.
씨 뗑고 도스 이구아나스

🐤 ¿Qué comen las iguanas?
께 꼬멘 라스 이구아나스

🐢 Son hervíboras, comen hojas, flores y frutas.
쏜 에르비보라스 꼬멘 오하스 플로레스 이 프루따스

🐤 애완동물을 기르고 있나요?
🐢 네, 이구아나가 두 마리 있어요.
🐤 이구아나는 뭘 먹어요?
🐢 초식동물이라 나뭇잎이나 꽃, 과일 같은 걸 먹어요.

TalkTalk Tip

Tengo una serpiente pitón como mascota.
애완동물로 비단구렁이를 키우고 있습니다.
　　　un loro 앵무새
　　　una tortuga 거북

Naturaleza 자연

DAY 30 새는 새인데 다 같은 새는 아니네

¿Qué son aquellos pájaros?
저건 무슨 새예요?

Son flamencos.
플라밍고야.

❶ avestruz
❷ loro
❸ paloma
❹ gallo
❺ pollito
❻ gallina
❼ nido
❽ huevo

① **m avestruz** 타조
아베스뜨루쓰

- El **avestruz** es el más alto y pesado de todos los pájaros.
  타조는 새 중에 가장 키가 크고 무겁다.

② **m loro** 앵무새
로로

- La mayoría de los **loros** habitan en zonas tropicales.
  대부분의 앵무새는 열대 지방에 산다.

③ **f paloma** 비둘기
빨로마

- Las **palomas** arrullan rítmicamente.
  비둘기가 구구하고 리듬감 있게 울고 있다.

④ **m gallo** 수탉
가요

- El **gallo** siempre canta.
  수탉은 항상 울어댄다

⑤ **m pollito** 병아리
뽀이또

⑥ **f gallina** 암탉
가이나

gallinero 닭장

⑦ **m nido** 둥지
니도

⑧ **m huevo** 알
우에보

⑭ **pájaro carpintero** 딱따구리
빠하로 까르삔떼로

- La reserva natural es la hábitat de los **pájaros carpinteros**.
  이 보호 구역은 딱따구리의 서식지이다.

⑮ m **pato** 오리
빠또

- La familia de **pato** cruzó la calle tambaleándose.
  오리 가족이 뒤뚱거리며 길을 건넜다.

⑯ m **cisne** 백조
씨스네

un cisne elegante 우아한 백조

관련 어휘

- 매 **halcón** 알꼰　두루미 **grulla** 그루야　황새 **cigüeña** 씨구에냐
- 참새 **gorrión** 고리온　펠리컨 **pelícano** 뻴리까노　벌새 **colibrí** 꼴리브리
- 펭귄 **pingüino** 뼁구이노　까마귀 **cuervo** 꾸에르보　백로 **garceta** 가르쎄따
- 병아리 **pollito** 뽀이또　찌르레기 **estornino** 에스또르니노　도도새 **dodo** 도도

새와 관련된 다양한 말

Piel de gallina 삐엘 데 가이나 **소름**
Patito feo 빠띠또 페오 **미운오리새끼**
Matar dos pájaros de un tiro 마따르 도스 빠하로스 데 운 띠로 **일석이조**
Acostarse con las gallinas 아꼬스따르세 꼰 라스 가이나스 **초저녁잠을 자다**
No ser moco de pavo 노 세르 모꼬 데 빠보 **중요하다, 가치가 있다**

Mira esos pájaros.
미라 에소스 빠하로스

¿Qué son aquellos pájaros?
께 쏜 아께요스 빠하로스

Son flamencos.
손 플라멩꼬스

Los colores son muy bonitos.
로스 꼴로레스 쏜 무이 보니또스

- 저 새들 좀 봐.
- 무슨 새예요?
- 플라밍고야.
- 색이 예쁘네요.

TalkTalk Tip

Aquellos son flamencos. 저건 플라밍고야
　　　　　　　　águilas 독수리
　　　　　　　　pavos reales 공작
　　　　　　　　pájaros carpinteros 딱따구리

Los colores son bonitos. 색이 예쁘네요
　　Sus garras son fuertes y agudas. 발톱이 강하고 날카롭네요
　　Las colas son hermosas. 꼬리가 아름답네요.
　　El sonido es fuerte al picotear el árbol. 나무쪼는 소리가 크네요.

Naturaleza 자연
DAY 31 알고 보면 나와 동거할지 모르는 그것

- Fui a acampar.
  캠핑 갔었어요.
- ¡Qué bien! ¿Qué tal le fue?
  좋았겠네. 캠핑 어땠어요?
- No pasé tan mal pero había muchos mosquitos.
  나쁘진 않았는데 모기가 너무 많았어요.

Insectos

❶ avispa
❷ araña
❸ polilla
❹ mariposa
❺ mosquito
❻ saltamontes
❼ abeja
❽ mariquita

Insectos 인섹또스 곤충

❶ f avispa 말벌
아비스빠

colmena de avispas 말벌 둥지

❷ f araña 거미
아라냐

araña peluda 털이 많은 거미

❸ f polilla 나방
뽈리야

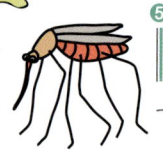

❹ f mariposa 나비
마리뽀싸

• Las **mariposas** saborean con sus pies.
나비는 발로 맛을 본다.

❺ m mosquito 모기
모스끼또

especie de mosquito
모기의 종류

❻ m saltamontes 메뚜기
살따몬떼스

• Los **saltamontes** son insectos que podemos encontrar fácilmente casi todos los días.
메뚜기는 우리가 거의 매일 마주칠 수 있는 곤충 중의 하나이다.

❼ f abeja 꿀벌
아베하

picadura de abeja 벌침

❽ f mariquita 무당벌레
마리끼따

• Las **mariquitas**, también llamadas escarabajos, son unos insectos muy beneficios.
딱정벌레라고도 불리는 무당벌레는 매우 유익한 곤충이다.

⑨ f libélula 잠자리
리베룰라

- Las **libélulas** pueden comerse cientos de mosquitos en un día.
잠자리는 하루에 수백 마리의 모기를 먹을 수 있다.

⑩ f mosca 파리
모스까

- Una **mosca** se posó en el melocotón.
파리 한마리가 복숭아 위에 앉았다.

⑪ m grillo 귀뚜라미
그리요

- Podemos escuchar el canto de los **grillos** por la noche.
밤이면 귀뚜라미 우는 소리를 들을 수 있다.

Árboles 아르볼레스 나무

⑫ rama pequeña 작은 가지
라마 뻬께냐

- sonido de ramas pequeñas quebrándose
작은 가지가 부러지는 소리

⑬ f hoja 나뭇잎
오하

- sonido de hojas rozándose 나뭇잎이 스치는 소리

⑭ f rama 나뭇가지
라마

- ramas muy extendidas 쑥 뻗어 나온 가지

⑯ m tronco 나무 몸통
뜨롱꼬

- tronco de árbol torcido
비틀어진 나무 몸통

⑮ f corteza 나무 껍질
꼬르떼싸

- corteza áspera 거친 나무껍질

⑰ m árbol 나무
아르볼

⑱ f raíz 뿌리
라이쓰

- raíz profundo/poco profundo 깊은/얕은 뿌리

Flores 플로레스 꽃

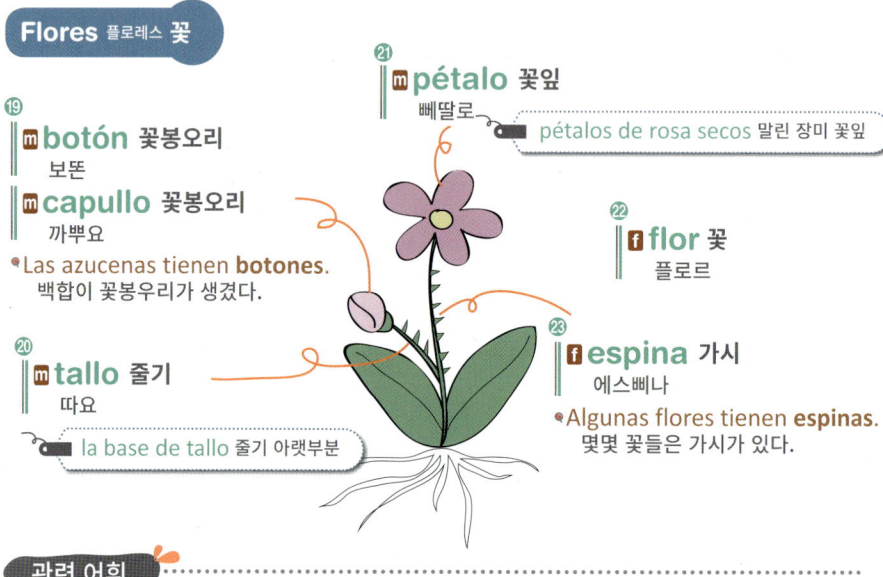

⑲ **m botón** 꽃봉오리
보똔

m capullo 꽃봉오리
까뿌요

* Las azucenas tienen **botones**.
  백합이 꽃봉우리가 생겼다.

⑳ **m tallo** 줄기
따요

la base de tallo 줄기 아랫부분

㉑ **m pétalo** 꽃잎
뻬딸로

pétalos de rosa secos 말린 장미 꽃잎

㉒ **f flor** 꽃
플로르

㉓ **f espina** 가시
에스삐나

* Algunas flores tienen **espinas**.
  몇몇 꽃들은 가시가 있다.

관련 어휘

- 꿀벌집 panal 빠날
- 거미줄 telaraña 뗄라라냐
- 벼룩 pulga 뿔가
- 바퀴벌레 cucaracha 꾸까라차
- 사마귀 mantis religiosa 만띠스 렐리히오사

꽃 이름

- 아네모네 anémona 아네모나
- 과꽃 áster 아스떼르
- 진달래, 철쭉 azalea 아쌀레아
- 금잔화 caléndula 깔렌둘라
- 카네이션 clavel 끌라벨
- 데이지 margarita 마르가리따
- 물망초 nomeolvides 노메올비데스
- 접시꽃 malva loca 말바 로까
- 수국 hortensia 오르뗀씨아
- 붓꽃 lirio 리리오
- 재스민 jasmín 하스민
- 월계수 laurel 라우렐
- 라벤더 lavanda 라반다
- 라일락 lila 릴라
- 백합 azucena 아쑤쎄나
- 목련 magnolia 마그놀리아
- 나팔꽃 campanilla 깜빠니야
- 수선화 narciso 나르씨쏘
- 난초 orquídea 오르끼데아
- 팬지 pensamiento 뻰사미엔또
- 양귀비 amapola 아마뽈라
- 장미 rosa 로사
- 해바라기 girasol 히라쏠
- 제비꽃 violeta 비올레따
- 등나무 glicinia 글리씨니아

곤충의 특징과 나비의 수명 주기

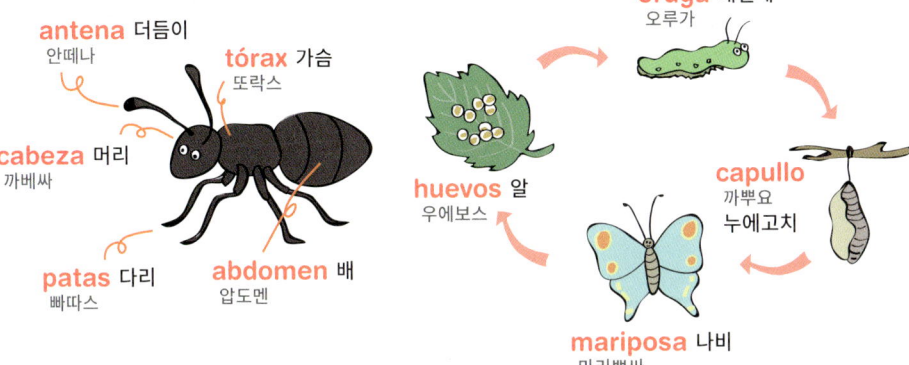

- **antena** 더듬이 / 안떼나
- **tórax** 가슴 / 또락스
- **cabeza** 머리 / 까베싸
- **patas** 다리 / 빠따스
- **abdomen** 배 / 압도멘
- **huevos** 알 / 우에보스
- **oruga** 애벌레 / 오루가
- **capullo** 까뿌요 / 누에고치
- **mariposa** 나비 / 마리뽀싸

¿Qué hizo la semana pasada?
께 이쏘 라 세마나 빠싸다

Fui a acampar.
푸이 아 아깜빠르

¡Qué bien! ¿Qué tal le fue?
께 비엔 께 딸 레 푸에

No pasé tan mal pero había muchos mosquitos.
노 빠쎄 딴 말 뻬로 아비아 무초스 모스끼또스

지난주에 뭐 했어요?
캠핑 갔었어요.
좋았겠네요. 캠핑 어땠어요?
나쁘진 않았는데 모기가 너무 많았어요.

> **TalkTalk Tip**
>
> **No pasé tan mal pero había muchas arañas.**
> 나쁘진 않았지만 거미가 너무 많았어요.
>
> **hormigas** 개미
> **polillas** 나방

Humano 인간
DAY 32 언제까지 눈, 코, 입만 얘기할래?

🗨️ ¿Qué pasa?
무슨 일이니?

🗨️ Creo que me he torcido el tobillo.
발목을 삔 것 같아.

- ① cabeza
- ② frente
- ③ ojo
- ④ pómulo
- ⑤ oreja
- ⑥ lóbulo de la oreja
- ⑦ mejilla
- ⑧ cabello/pelo
- ⑨ barbilla
- ⑩ boca
- ⑪ labios
- ⑫ lengua
- ⑬ diente
- ⑭ cara
- ⑮ nariz
- ⑯ pestaña
- ⑰ ceja
- ⑱ dedo pulgar
- ⑲ dedo índice
- ⑳ dedo medio/corazón
- ㉑ dedo anular
- ㉒ dedo meñique
- ㉓ correa de mango
- ㉔ tabla de velcro
- ㉕ espalda
- ㉖ tobillo
- ㉗ zapatillas

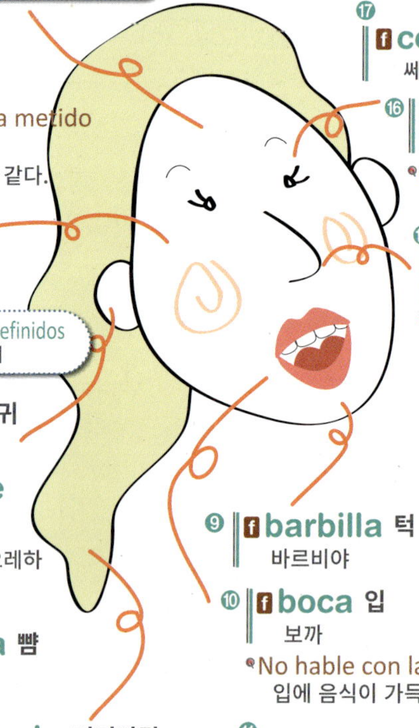

① **f cabeza** 머리
까베싸
- acariciar la cabeza 머리를 쓰다듬다
- me pesa la cabeza 머리가 무겁다

② **f frente** 이마
프렌떼
- frotar la frente 이마를 문지르다

③ **m ojo** 눈
오호
- Creo que se me ha metido algo en los **ojos**.
  눈에 뭔가 들어간 것 같다.

④ **m pómulo**
뽀물로
광대뼈
- pómulos bien definidos 조각 같은 광대뼈

⑤ **f oreja** 귀
오레하

⑥ **lóbulo de la oreja**
로불로 데 라 오레하
귓볼

⑦ **f mejilla** 뺨
메히야

⑧ **m cabello/pelo** 머리카락
까베요/뻴로
- Me peino todos los días por la mañana.
  나는 매일 아침 머리를 빗는다.
- peinarse el cabello(pelo) 머리를 빗다

⑰ **f ceja** 눈
쎄하

⑯ **f pestaña** 속눈썹
뻬스따냐
- Ella tiene las **pestañas** largas.
  그녀는 속눈썹이 길다

⑮ **f nariz** 코
나리스
- Ella se sonaba la **nariz** todo el día.
  그녀는 하루 종일 코를 풀었다.

⑭ **f cara** 얼굴
까라
- Él frunció el ceño.
  그는 얼굴을 찌푸렸다.

⑨ **f barbilla** 턱
바르비야

⑩ **f boca** 입
보까
- No hable con la **boca** llena.
  입에 음식이 가득한 채로 말하지 마세요.

⑪ **m labios** 입술
라비오스
- labio superior 윗입술
- labio inferior 아랫입술

⑫ **f lengua** 혀
렝구아

⑬ **m diente** 이
디엔떼
- Tengo dolor de **dientes** por caries.
  충치가 있어서 이가 아파요.

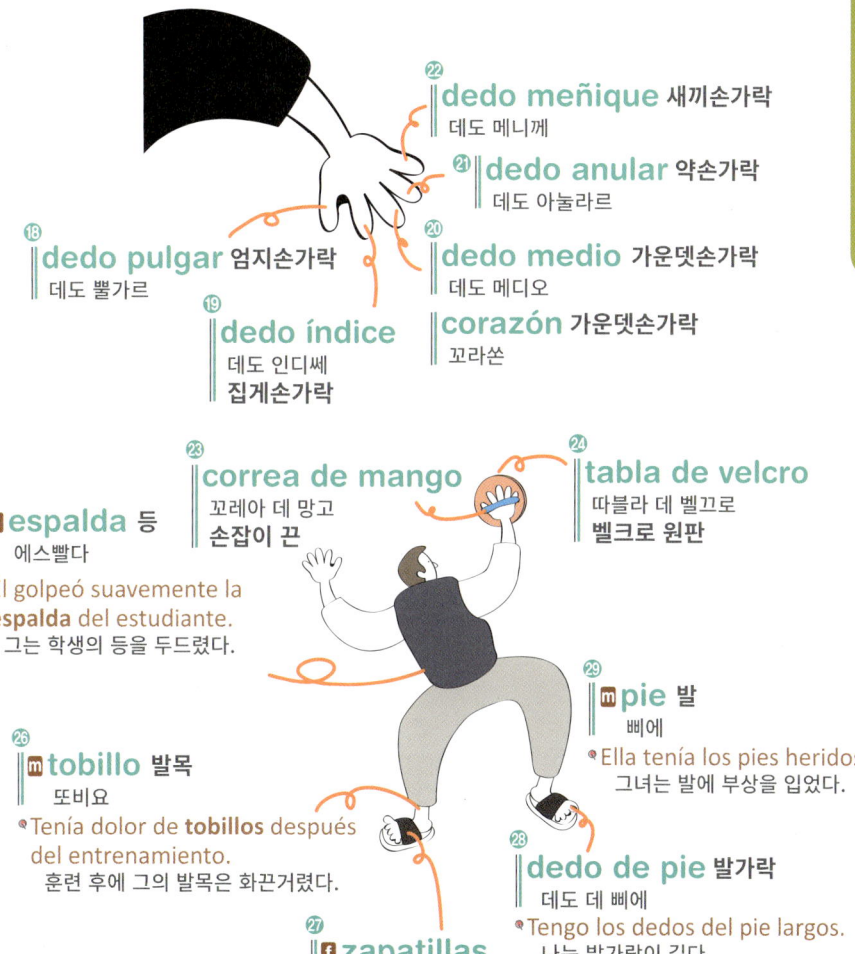

③⓪ **m dedo** 손가락
데도

cortarse el dedo
손가락을 베이다

④② **m cuello** 목
꾸에요

Tengo dolor de cuello.
목이 뻐근하다.

③① **f mano** 손
마노

③② **f palma** 손바닥
빨마

leer las manos
손금을 보다

③③ **f muñeca** 손목
무녜까

③④ **m pecho** 가슴
뻬초

¿Tiene dolor de pecho?
가슴 통이 있습니까?

③⑤ **f pierna** 다리
삐에르나

③⑥ **m muslo** 허벅지
무슬로

④① **m hombro** 어깨
옴브로

④⓪ **m brazo** 팔
브라쏘

Los monos tienen brazos largos.
원숭이들은 팔이 길다.

③⑨ **m codo** 팔꿈치
꼬도

La pelota de béisbol me dió un golpe en el codo.
야구공이 내 팔꿈치를 쳤다.

③⑧ **f cintura** 허리
씬뚜라

③⑦ **f rodilla** 무릎
로디야

El niño se sentó en las rodillas de su padre.
아이는 아빠의 무릎에 앉았다.

관련 어휘

- 근육 **músculo** 무스꿀로　혈관 **vaso sanguíneo** 바로 산기네오　피부 **piel** 삐엘
- 살 **carne** 까르네　뇌 **cerebro** 쎄레브로　심장 **corazón** 꼬라쏜　폐 **pulmón** 뿔몬
- 간 **hígado** 이가도　신장 **riñón** 리뇬　위 **estómago** 에스또마고　창자 **intestino** 인떼스띠노

신체와 관련된 표현

- **echar una mano** 돕다, (누구를) 도와주다
  에차르 우나 마노
  - **Necesito que me eches una mano ahora mismo.**
    지금 당장 나 좀 도와줘.

- **no tener pelos en la lengua** 꾸미지 않고 솔직하게 거침없이 말하다
  노 떼네르 뻴로스 엔 라 렝구아
  - **Ella dice que esta sopa es horrible. No tiene pelos en la lengua.**
    그녀는 수프가 끔찍하게 맛없다고 해요. 그녀는 너무 솔직해요.

- **hablar por los codos** 말이 너무 많다, 말을 너무 많이 하다
  아블라르 뽀르 로스 꼬도스
  - **Es mejor no hacele preguntas a él porque habla por los codos.**
    그에게 질문하지 않는게 좋겠어요. 말이 너무 많아요.

🗣 ¡Ay!
아이

🗣 ¿Qué pasa?
께 빠사

🗣 Creo que me he torcido el tobillo.
끄레오 께 메 에 또르씨도 엘 또비요

🗣 ¡Hombre! Deberías cambiarte de zapatos. ¿Estás bien?
옴브레 데베리아스 깜비아르떼 데 싸빠또스 에스따스 비엔

🗣 Creo que no. Tengo que ir al hospital.
끄레오 께 노 뗑고 께 이르 알 오스삐딸

🗣 Vale, te acompaño.
발레 떼 아꼼빠뇨

🗣 아얏!
🗣 무슨 일이야?
🗣 발목을 삔 것 같아.
🗣 저런, 신발을 갈아 신어야겠네. 괜찮겠어?
🗣 아니, 병원에 가 봐야 할 거 같아.
🗣 그래, 내가 같이 갈게.

TalkTalk Tip

Creo que me he torcido el tobillo.
발목을 삔 것 같아.
muñeca 손목 **pie** 발 **rodilla** 무릎

① padres 부모
빠드레스

• Mis **padres** están de viajes por el mundo.
나의 부모님은 세계여행 중입니다.

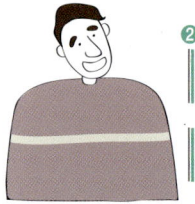

② padre 아버지
빠드레

② papá 아빠
빠빠

• Él se parece a su padre.
그는 그의 아버지를 닮았다.

③ madre 어머니
마드레

③ mamá 엄마
마마

🏷 madre soltera 홀어머니

④ hermanos 형제자매
에르마노스

• ¿Se llevan bien con los **hermanos**?
형제자매 사이는 좋은 편인가요?

⑧ yo 나
요

⑨ hermano
에르마노
남자 형제

• ¿Cuál es la ventaja de tener un **hermano**?
남자 형제의 메리트는 뭔가요?

🏷 hermano biológico 피를 나눈 형제

⑤ hermana 여자 형제
에르마나

• ¿Tiene **hermana**?
여자 형제가 있습니까?

hermana mayor 언니

⑥ hija 딸
이하

• Mi **hija** canta bien.
내 딸은 노래를 잘합니다.

⑩ hijo 아들
이호

• A su **hijo** le gusta el fútbol.
그녀의 아들은 축구를 좋아한다.

⑦ nieta 손녀
니에따

• Él abrazó a su **nieta**.
그는 그의 손녀를 안았다.

⑪ nieto 손자
니에또

• El **nieto** es más adorable que el hijo.
손자는 아들보다 귀엽습니다.

⑬ **f tía** 숙모, 큰어머니
띠아
• Mi **tía** se ha casado hace poco.
나의 이모가 얼마전에 결혼했다.

　　tía soltera 결혼 안 한 이모

　　tía는 큰어머니, 작은어머니, 외숙모, 고모, 이모의 총칭

⑫ **m tío** 삼촌, 큰아버지
띠오
• El **tío** Jhon ha visitado nuestra familia.
존 삼촌이 우리 가족을 방문했다.

　　tío는 삼촌, 백부, 숙부, 외숙부, 고모부, 이모부의 총칭

⑭ **f sobrina** 여자 조카
소브리나
• Mi **sobrina** es auxiliar de vuelo.
제 조카는 승무원입니다.

⑮ **m sobrino** 남자 조카
소브리노
• Yo tengo tres **sobrinos**.
저는 세 명의 남자 조카가 있습니다.

⑯ **m primo** 남자 사촌
쁘리모
• ¿Tiene muchos **primos**?
당신은 사촌이 많습니까?

⑰ **m hijos** 자녀
이호스
　m niños 자녀
니뇨스
• ¿Tiene **hijos**?
자녀가 있나요?

⑱ **nieto(a)**
니에또(따)
외손주, 외손녀

⑲ **m nietos** 손주
니에또스
• Él tiene muchos **nietos**.
그는 손주가 많다.

⑳ m abuelos 조부모님
아부엘로스
- Mis **abuelos** viven a las afueras.
  나의 조부모님은 교외에 살고 계십니다.

㉑ m abuelo 할아버지
아부엘로
- A mi **abuelo** le encanta pescar.
  나의 할아버지는 낚시를 매우 좋아하십니다.

㉒ m esposo 남편
에스뽀소

m marido 남편
마리도
- A su **esposo** le gusta ir a pescar.
  그녀의 남편은 낚시하러 가는 것을 좋아한다.

㉓ f abuela 할머니
아부엘라
- Aquella es mi **abuela**.
  저 분이 제 할머니십니다.

㉔ f esposa 아내
에스뽀사

f mujer 아내
무헤르
- A mi **esposa** y a mi nos gusta viajar.
  제 아내와 저는 여행하는 것을 좋아합니다.

관련 어휘

- 아기 **bebé** 베베　부부 **matrimonio** 마뜨리모니오　배우자 **cónyuge** 꼰유헤
- 친척 **pariente** 빠리엔떼　양아버지 **padrastro** 빠드라스뜨로　양어머니 **madrastra** 마드라스뜨라
- 양아들 **hijo adoptivo** 이호 아돕띠보　양딸 **hija adoptiva** 이하 아돕띠바

사돈을 일컫는 말

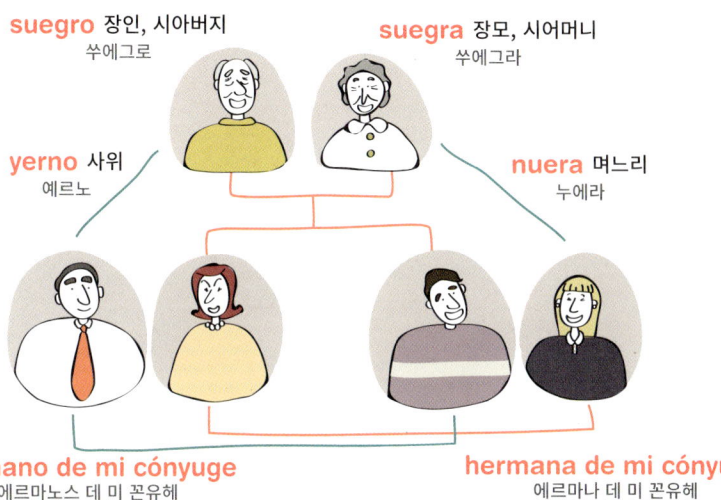

suegro 장인, 시아버지
쑤에그로

suegra 장모, 시어머니
쑤에그라

yerno 사위
예르노

nuera 며느리
누에라

hermano de mi cónyuge
에르마노스 데 미 꼰유헤
배우자의 남자 형제

hermana de mi cónyuge
에르마나 데 미 꼰유헤
배우자의 여자 형제

¿Quién es este?
끼엔 에스 에스떼

Es mi padre. Él es periodista.
에스 미 빠드레 엘 에스 뻬리오디스따

¿Quienes son ellos?
끼에네스 쏜 에요스

Son mis primos. Ellos viven en Los Ángles.
쏜 미스 쁘리모스 에요스 비벤 엔 로스 앙헬레스

이 분은 누구세요?
제 아버지십니다. 아버지는 기자세요.
그 사람들은 누구예요?
사촌들이에요. 사촌들은 LA에 살고 있어요.

TalkTalk Tip
¿**Quién es este**?
이 분은 누구세요?
él 그 **ella** 그녀 **aquel** 저분

Familia 가족

Altura y Edad 키와 나이
알뚜라 이 에닫

❶ ser alto(a) 키가 크다
세르 알또(따)

- Los jugadores de baloncesto son generalmente altos.
  농구 선수는 대부분 키가 크다.

  ser altísimo(a) 굉장히 크다

❷ de mediana edad 중년
데 메디아나 에닫

- Él es un hombre **de mediana edad**, alto y delgado.
  그는 키가 크고 마른 중년의 남자입니다.

❸ altura media 평균 키
알뚜라 메디아

- Yo soy de **altura media**.
  나는 평균 키입니다.

❹ anciano(a) 고령
안씨아노(나)

persona mayor 고령
뻬르쏘나 마요르

❺ ser bajo(a) 작다
세르 바호(하)

- ¿Napoleón era realmente bajo?
  나폴레옹은 정말 작았을까?

  ser muy bajo(a) 꽤 작다

❻ ser joven 젊다
세르 호벤

Complexión 꼼쁠렉씨온 체격

❼ ser gordo(a) 뚱뚱하다
세르 고르도(다)

- Mi perro es muy **gordo**.
  우리 집 개는 매우 뚱뚱하다.

❽ peso medio 평균 몸무게
뻬소 메디오

- ¿Cuál es el peso medio de mi edad?
  내 나이의 평균 몸무게는 얼마 정도예요?

DAY 34 Apariencia 외모

⑨ **ser delgado(a)** 날씬한
세르 델가도(다)
- Aquella modelo es muy **delgada**.
  저 모델은 너무 날씬하다.

 extremadamente delgada
끔찍할 정도로 마른

⑩ **ser flaco(a)** 깡마르다
세르 플라꼬(까)

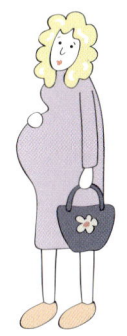

⑪ **estar embarazada**
에스따르 엠바라싸다
임신하다

 tres meses de embarazo
임신 3개월

Peinado 뻬이나도 헤어스타일

⑫ **tener el pelo/cabello largo**
떼네르 엘 뻴로/까베요 라르고
머리가 길다
- Ese vestido le queda bien con su pelo largo.
  그 드레스는 그녀의 긴 머리와 잘 어울린다

⑬ **pelo/cabello liso** 생머리
뻴로/까베요 리소

⑮ **pelo/cabello rizado**
뻴로/까베요 리싸도
곱슬머리

⑭ **pelo/cabello negro** 검은 머리
뻴로/까베요 네그로
- Su pelo es negro.
  그는 머리색이 검다.

⑯ **pelo/cabello rojo** 빨강 머리
뻴로/까베요 로호

pelirrojo(a) 빨강 머리
뻴리로호(하)
- ¿Conoce al hombre de pelo rojo?
  당신은 빨간 머리의 저 남자를 아십니까?

⑰ **tener el pelo/cabello corto** 머리가 짧다
떼네르 엘 뻴로/까베요 꼬르또
- Me gustaría cortarme el pelo bien corto.
  머리를 짧게 짤라 주세요.

⑱ **pelo/cabello ondulado** 파마머리
뻴로/까베요 온둘라도
- Su cabello ondulado es muy hermoso.
  그녀의 파마머리는 매우 아릅답다.

⑲ **media melena** 어깨 길이
메디아 멜레나

⑳ **pelo/cabello rubio** 금발 머리
뻴로/까베요 루비오
- A mí me gusta su pelo rubio y largo.
  나는 그녀의 긴 금발 머리를 좋아합니다.

㉓ **calvo(a)** 대머리
깔보(바)
- Él está quedándose **calvo**.
  그는 대머리가 되어 간다.

㉑ **pelo/cabello castaño**
뻴로/까베요 까스따뇨
갈색 머리

㉒ **f barba** 턱수염
바르바
- Él ha decidido a dejarse la **barba**.
  그는 턱수염을 기르기로 결심했다.

㉔ **m bigote** 콧수염
비고떼
- El hombre con **bigote** es mi tío.
  콧수염 난 그 남자가 내 삼촌입니다.

관련 어휘

- 회색 눈 ojos grises 오호스 그리세스
- 초록색 눈 ojos verdes 오호스 베르데스
- 파란색 눈 ojos azules 오호스 아쑬레스
- 갈색 눈 ojos marrones 오호스 마로네스
- 짙은 색의 눈 ojos oscuros 오호스 오스꾸로스
- 연한 갈색 피부 piel media/normal 삐엘 메디아/노르말
- 거무스름한 피부 piel trigueña 삐엘 뜨리게냐
- 흰 피부 piel blanca 삐엘 블랑까
- 햇볕에 탄 피부 piel morena/bronceada 삐엘 모레나/브론쎄아다
- 창백한 피부 piel pálida/blanca 삐엘 빨리다/블랑까
- 주름 arruga 아루가
- 상처 cicatriz 씨까뜨리스
- 점 lunar 루나르
- 표준 체중 이하의 peso inferior al normal 뻬소 인페리오르 알 노르말
- 토실토실한 gordo(a) 고르도(다)
- 예쁘장한 bonito(a) 보니또(따)
- 통통한 regordete 레고르데떼
- 근육질의 musculoso(a) 무스꿀로소(사)

사람을 묘사할 때 옷차림이나 행동으로 표현해요

* **llevar gafas** 안경을 쓰고 있다
  예바르 가파스
  llevar una corbata 넥타이를 매고 있다
  예바르 우나 꼬르바따
  llevar un abrigo 코트를 입고 있다
  예바르 운 아브리고
* **tener un maletín** 서류가방을 들고 있다
  떼네르 운 말레띤

* **llevar un vestido** 드레스를 입고 있다
  예바르 운 베스띠도
  llevar un bolso 핸드백을 가지고 있다
  예바르 운 볼소
  llevar zapatos 구두를 신고 있다
  예바르 싸빠또스
* **mirar el móvil** 핸드폰을 보고 있다
  미라르 엘 모빌

* **tener auriculares** 헤드폰을 끼고 있다
  떼네르 아우리꿀라레스
  llevar una mochila 백팩을 메고 있다
  예바르 우나 모칠라
* **escuchar música** 음악을 듣고 있다
  에스꾸차르 무씨까
* **cerrar los ojos** 눈을 감고 있다
  쎄라르 로스 오호스

🗣 **¿Quién es Juan?**
께엔 에스 후안

🗣 **Juan es bajo y tiene pelo rojo rizado.**
후안 에스 바호 이 띠에네 뻴로 로호 리싸도

🗣 **Ah, ¿está escuchando música, no?**
아 에스따 에스꾸찬도 무씨까 노

🗣 **Sí, él es Juan.**
씨 엘 에스 후안

🗣 누가 후안이에요?
🗣 후안은 키가 작고 빨강 곱슬머리예요.
🗣 아하, 그는 음악을 듣고 있죠, 그렇지 않나요?
🗣 네, 그 사람이 후안이에요.

> **TalkTalk Tip**
>
> **Él es bajo.** 그는 키가 작아요.
>   **es joven.** 젊어요.
>   **es de mediana edad.** 중년이에요.
>
> **Él tiene pelo rojo y rizado.**
>   그는 빨강 곱슬머리예요.
>   **tiene ojos verdes.** 초록색 눈이에요.
>   **tiene bigote.** 콧수염이 있어요.

① **estar alegre** 기쁘다
에스따르 알레그레

estar contento(a)
에스따르 꼰뗀또(따)
즐겁다

② **f ira** 화
이라

estar enfadado(a)
에스따르 엔파도(다)
화나다

• Ella **está enfadada** por usted.
그녀는 당신 때문에 화가 나 있습니다.

③ **estar triste**
에스따르 뜨리스떼
슬프다

• El niño se veía triste con su juguete averiado.
고장 난 장난감을 갖고 있는 아이가 슬퍼 보였다.

④ **estar aburrido(a)**
에스따르 아부리도(다)
지루하다

aburrirse como una ostra
지루해 죽을 지경인

⑤ **estar lleno(a)** 배부르다
에스따르 예노(나)

• No, **estoy lleno**.
아니요, 배불러요.

⑥ **m palillos** 젓가락
빨리요스

⑦ **f alfombra/estera**
알폼브라/에스떼라
돗자리

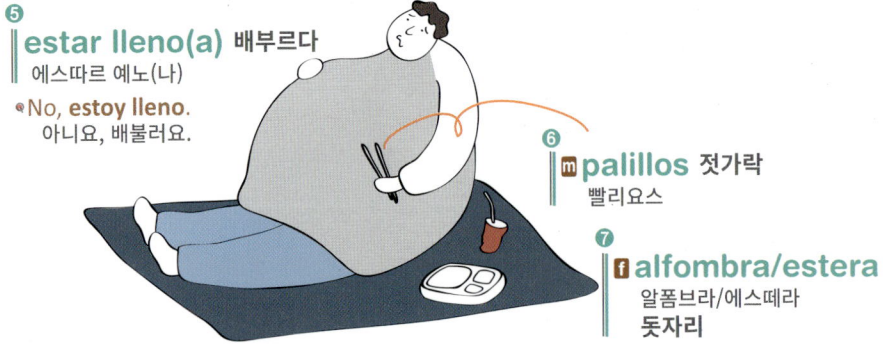

⑧ **f** **hambre** 공복
암브레

tener hambre
떼네르 암브레
배고프다

estar muerto(a) de hambre
에스따르 무에르또(따) 데 암브레
굶주리다

un gato pobre con hambre
불쌍한 굶주린 고양이

⑨ **sorprenderse** 놀라다
소르쁘렌데르세

asustarse 놀라다
아수스따르세

※ Me he **sorprendido** por esa noticia.
나는 그 소식에 놀랐다.

⑩ **tener sueño** 졸리다
떼네르 쑤에뇨

※ Anoche me quedé levantado hasta tarde y ahora **tengo sueño**.
어젯밤 늦게까지 깨어 있었기 때문에 지금 졸리다.

⑪ **collar de perros**
꼬야르 데 뻬로스
개 목걸이

⑫ **correa de perros** 개 줄
꼬레아 데 뻬로스

⑬ **f** **herida** 상처
에리다

⑭ **f** **enfermedad** 병
엔페르메닫

estar enfermo(a)
에스따르 엔페르모(마)
아프다

※ Ella no pudo ir al trabajo porque **estaba enferma**.
그녀는 아파서 직장에 갈 수 없었다.

estar malo(a) 몸이 안 좋다

estar cansado(a) 피곤하다
에스따르 깐사도(다)

estar hecho(a) polvo
에스따르 에초(사) 뽈보
기진맥진하다

- Se ve cansado. ¿Qué pasó?
  피곤해 보이네요. 무슨 일이 있었습니까?

m banco 벤치
방꼬

- Hay muchos **bancos** en el parque.
  공원에 벤치가 많이 있다.

tener miedo 무섭다
떼네르 미에도

estar emocionado(a)
에스따르 에모씨오나도(다)
신나다

f bicicleta 자전거
비씨끌레따

관련 어휘

- 비참하다 **sentirse miserable** 쎈띠르쎄 미세라블레
- 실망하다 **estar decepcionado(a)** 에스따르 데쎕씨오나도(다)
- 짜증이 나다 **irritarse** 이리따르쎄 ▫ 화가 나다 **enfadarse** 엔파다르쎄
- 역겹다 **ser repugnante** 쎄르 레뿌그난떼
- 좌절감을 느끼다 **sentirse frustrado(a)** 쎈띠르세 프루스뜨라도(다)
- 충격을 받다 **conmocionarse** 꼰모씨오나르쎄 ▫ 외롭다 **sentirse solo(a)** 쎈띠르쎄 쏠로(라)
- 자랑스러워하다 **estar orgulloso(a) de** 에스따르 오르구요소(사) 데
- 당황스럽다 **desconcertarse** 데스꼰쎄르따르쎄 ▫ 질투하다 **estar celoso(a)** 에스따르 쎌로소(사)
- 혼란해지다 **estar confundido(a)** 에스또이 꼰푼디도(다)
- 장난기 많다 **ser juguetón(a)** 쎄르 후게똔(나) ▫ 재미있어 하다 **divertirse** 디베르띠르쎄
- 당혹하다 **confundirse** 꼰푼디르쎄 ▫ **부끄럽다 sentirse avergonzado(a)** 쎈띠르쎄 아베르곤싸도(다)
- 감상적이다 **ponerse sentimenal** 뽀네르쎄 쎈띠멘딸
- 사려 깊다 **ser considerado(a)** 쎄르 꼰씨데라도(다)

감정을 나타내는 표현

기쁠 때

tocar el cielo con las manos 너무나도 황홀하다
또까르 엘 씨엘로 꼰 라스 마노스

emocionado(a) hasta la médula 매우 기쁘다
에모씨오나도(다) 아스따 라 메둘라

estar en el séptimo cielo 너무나 행복하다
에스따르 엔 엘 쎕띠모 씨엘로

brincar de alegría 기뻐 날뛰다
브링까르 데 알레그리아

화날 때

entrar un ataque de rabia 몹시 화를 내다
엔뜨라르 운 아따께 데 라비아

perder los estribos 길길이 뛰다
뻬르데르 로스 에스뜨리보스

estar desquiciado(a) 우울해지다
에스따르 데스끼씨아도(다)

sacar a alguien de quicio 짜증이 나다
싸까르 아 알기엔 데 끼씨오

슬플 때

estar de capa caída 우울하다
에스따르 데 까빠 까이다

estar bajoneado(a) 기분이 울적하다
에스따르 바호네아도(다)

Írsele a alguien la cabeza 이성을 잃다
이르셀레 아 알기엔 라 까베싸

sentirse fatal 몹시 실망하다
쎈띠르쎄 파딸

TALK! TALK!

🗣 **Se ve contento hoy. ¿Qué pasa?**
세 베 꼰뗀도 오이 께 빠싸

🗣 **Voy de vacaciones a Francia.**
보이 데 바까씨오네스 아 프란씨아

🗣 **¡Qué bien!**
께 비엔

🗣 **Sí, estoy emocionada de visitar el museo Louvre.**
씨 에스또이 에모씨오나다 데 비씨따르 엘 무세오 루브레

> **TalkTalk Tip**
> **Se ve cansado(a)** 피곤해 보이네요
> **triste** 슬퍼
> **incómodo(a)** 불편

🗣 오늘 즐거워 보이네요. 무슨 일 있어요?
🗣 프랑스로 휴가를 갈 예정이에요.
🗣 정말 좋겠네요.
🗣 네, 루브르 박물관을 가는데, 정말 기대돼요.

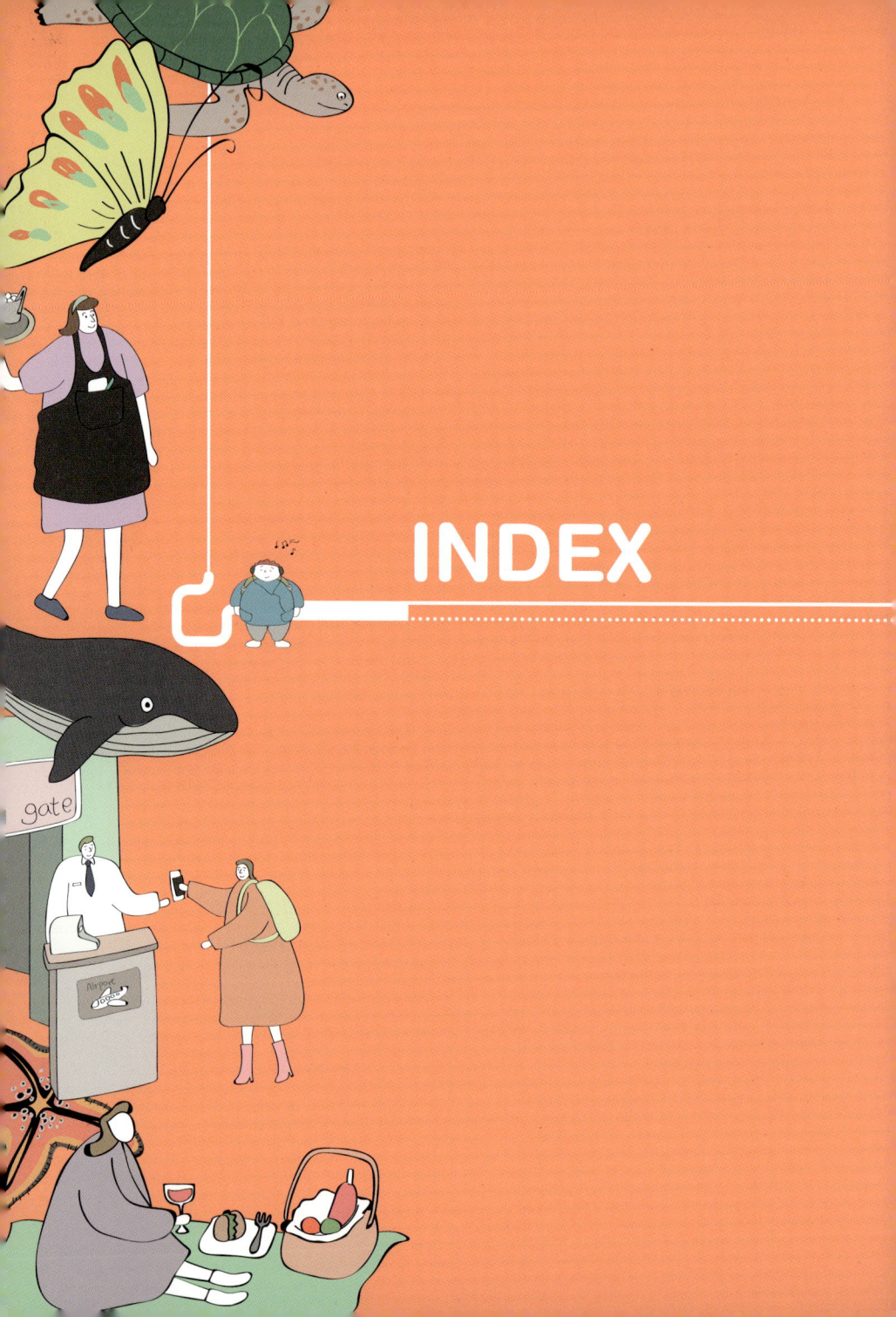
INDEX

A

abeja 190
abogado(a) 143
abuela 204
abuelo 204
abuelos 204
acampada 70
aduana 126
aduanero(a) 126
agente de facturación 118
agente de migraciones 124
agente de préstamos 34
agente de viajes 144
agricultor(-a) 148
agua mineral 54
águila 185
ajo 102
ala 185
alfombra 12, 30, 214
aligátor 179
alimentos refrigerados 89
almeja 107
almohada 10
altura media 208
anciano(a) 208
andén 113
anguila 174
anilla para cortina de ducha 18
anillo 136
apio 100
araña 190
arándano 95
árbol 191
arco 64
ardilla 167
ardilla listada 166
armario 12
armario de cocina 22
armario empotrado 29
arquitecto(a) 142
arte 155
arte marcial 70
artista 148
ascensor 46
ascensor 82
atención al cliente 82
atún 107
atún 174
autobús 112
avestruz 184
avispa 190
ayuntamiento 160
azúcar 53

B

bachillerato 154
bádminton 64
bagel 54
baicon 107
bailar 76
ballena 172
baloncesto 65
banco 160, 216
bañera 18
baño 59
banqueta (asiento sin brazo ni respaldo) 82
bar 59
barba 210
barbilla 196
barista 52
barra para cortina de ducha 18
barril 58
báscula de equipaje 119
batata 101
batidora 23
bebida 83
béisbol 65
berberecho 107
berenjena 100
bicicleta de montaña 71
bigote 210
billete 114, 118
billete de avión 118
biología 155
bistec 106
blusa 130
boca 196
bolsa de la compra 82
bolsa reutilizable 94
bolsillo 132
bolso 138
bombero(a) 142
boniato 101
botón 130, 192
botones 47
boxeo 65
brazalete 137
brazo 198
broche 136
brócoli 100
bufanda 138
butaca 28

C

caballete 77
caballito de mar 174
cabecero 10
cabello 196
cabello castaño 210
cabello liso 209
cabello negro 209
cabello ondulado 210
cabello rojo 209
cabello rubio 210
cabeza 196
cadena (de collar) 136
café americano 53
café cappuchino 53
café con leche 53
café mocha 53
café solo 52
cafetera 24
cafetería 83, 161
caja 52, 89
caja de seguridad 35
caja express 90
caja rápida 90
caja registradora 52
cajero automático (ATM) 35
cajero(a) 89
cajonera 12
calabaza 101
calamar 174
calvo(a) 210
cama 10
cámara acorazada 35

camarera 46
camarero(a) 58
camarero(a) (de la barra) 58
camarón 108
camaleón 178
camello 166
camisa 130
camisa de vestir 131
camiseta 130
campamento 70
camping 70
caña (cerveza de un grifo) 59
cangrejo 107, 172
canguro 168
cantante 150
cantar 76
caparazón 178
capullo 192
caqui 96
cara 196
caracol marino 174
carne de cerdo 106
carne de res 106
carne, aves y pollo 88
carril 114
carro de compra 89, 102
carro de limpieza 46
carro portaequipajes 125
carro portamaletas 47
cartera 138
cartero 143
cartilla 34
casa de cambio 119
casco 65
catedral 161
caza 71
cebolla 102
cebolleta 102
cebra 168
ceja 196
centro comercial 160
cepillo de dientes 16
cereza 95
cerveza de barril 59
cerveza en botella 58
cerveza en lata 58
cesta 65
cesta de compra 88

chaqueta 131
cheque 35
cheque de viajero 35
chimenea 28
chófer de autobús 112
chuletas 106
ciencias 154
científico(a) 150
ciervo(a) 166
cine 161
cinta 130
cinta de recogida de equipajes 125
cintura 198
cinturón 138
cisne 186
cliente 35, 48, 52, 60
cobra 180
cocina de gas 22
cocinar 77
cocinero(a) 150
cocodrilo 178
cóctel 60
codo 198
col 100
cola 185
coletero 137
coliflor 101
collar 136
collar de cuentas 136
collar de perlas 83
collar de perros 215
comida precocinada 88
comisaría 160
compartimiento de equipaje 112
compresa fría 41
congelador 24
conserje 148
consultorio 40
consumidor(-a) 88
control de pasaportes 124
control de seguridad 120
corbata 131
correa de mango 197
correa de perros 215
correr 72
corte 161
corteza 191
cortina 29

cortina 10
cortina de ducha 18
costillas 106
crema para café 54
cremallera 131
cuadro 28, 77
cubo de basura 17, 24
cucharón 77
cuchillo 23
cuello 198

 D

dardo 59
de media edad 208
declaración de aduana 126
dedo 198
dedo anular 197
dedo de pie 197
dedo índice 197
dedo medio/corazón 197
dedo meñique 197
dedo pulgar 197
delfín 172
despertador 10
detector de metales 120
detector de metales portátil 120
detergente 23
dibujar 77
dibujo 77
diente 196
directorio 82
dólar 119
dolor de cabeza 40
dolor de espalda 40
dolor de estómago 42
dolor de garganta 40
dolor de muelas 40
dolor de oídos 41
ducha 18
duty free 119

 E

edificio de oficinas 161
educación física 155
electrodoméstico 83
elefante 167

emborracharse 60
empleada de banco 34
empleado de banco 34
empleado(a) 90
empresario(a) 143
enchufe 17
encimera 24
enfermedad 215
enfermera 40
enfermero 40
ensaladera 23
equipaje 47, 125
equipaje de mano 120
equipo de rayos X 120
equitación 70
erizo 166
erupción cutánea 42
escala 112
escalada 70
escalera mecánica 83
escalofrío 41
escaparate 54
escobilla de váter 17
escote en V 130
escuchar música 77
escuela primaria 154
escuela secundaria 154
escurreplatos 22
esmoquin 131
espalda 197
español 154
espárrago 100
espátula 77
especiero 23
espejo 12,16
espina 192
esponja 18
esposa 204
esposo 204
esquí 64
estación de tren 113
estantería 29, 96
estantería de pared 29
estar aburrido(a) 214
estar alegre 214
estar cansado(a) 216
estar contento(a) 214
estar embarazada 209

estar emocionado(a) 216
estar enfermo(a) 215
estar lleno(a) 214
estar triste 214
estera 214
estrella de mar 172
etiqueta identificatoria 125
euro 119
excursión 72

falda 130
farmacéutico(a) 89
farmacia 89
ficha médica 40
fiebre 41
física 156
flamenco 185
flat white 53
flecha 64
florero 29
floristería 162
fotografía 30
fotógrafo(a) 148
frágil 119
fregadero 22
frente 196
fresa 96
frigorífico 24
fuente 83
fútbol 65

gafas de sol 82
gallina 184
gallo 184
gamba 108
garra 185
gaviota 185
gemelos 136
geografía 155
gimnasio 46
golf 66
gramola 60
grano 42

grifo 16
grillo 191
guantes de boxeo 65
guardia 36
guardia de seguridad 36
guisante 102

hacer una foto 77
halterofilia 64
hambre 215
hebilla 138
hemorragia nasal 41
herida 215
hermana 202
hermano 202
hermanos 202
hija 202
hijo 202
hijos 203
hipopótamo 167
historia 155
hockey (sobre hielo) 64
hoja 191
hoja de depósito 36
hoja de retiro 34
hombro 198
horario 113
horno 22
horquilla 137
huésped 48
huevas de rana 179
huevo 184

iglesia 160
iguana 178
información de llegadas y salidas 119
ingeniero(a) 144
ingeniero(a) informático(a) 148
inglés 156
ir de compras 78
ira 214

jabón 16
jabonera 16
jamón 106
jardín de infancia 154
jardinero 142
jersey 130
jersey de cuello alto 130
jirafa 168
joyero 12

K

kiwi 95

L

la esquina de una mesa 11
labios 196
lagarto(a) 178
lámpara 11, 28
lámpara de pie 30
langosta 108
lavabo 16
lavavajillas 22
lechuga 100
lechuza 185
lectura 76
leer libros 76
lengua 196
lenguado 108
león 167
leona 167
leopardo 167
letrero 94
libélula 191
librería 162
libreta 34
lima 94
limón 95
línea de autobús 112
líquidos inflamables 119
llave de habitación 48
llavero 137
lobo marino 173
lóbulo de la oreja 196
loro 184

M

maceta 29
madre 202
magdalena 54
mago 144
maíz 101
maleta 47, 118
mandarina 96
manecilla horaria 137
manga de café 53
mango 94
maniquí 132
mano 198
manta 10
manzana 94
mapache 166
máquina de café 53
marido 204
mariposa 190
mariquita 190
marisco 88
matemáticas 156
mecánico 143
mecedora 28
media melena 210
medialuna 54
medusa 172
mejilla 196
mejillón 107
melocotón 96
melón 94
menaje de cocina 84
menú 52
mermelada de fresa 54
mesa 11, 52
mesa de centro 30
mesilla de noche 10
mesita auxiliar 30
microondas 24
minutero 137
mocos 41
monitor 11
monopatín 71
monos 132
montar a caballo 70
mosca 191
mosquito 190

mostrador de facturación 118
mostrador de información 113
mostrador de préstamos 34
muebles 82
mujer 204
muñeca 198
música 155
músico 142
muslo 198

nabo 101
nada para declarar 126
naranja 94
nariz 196
navegar por Internet 76
nevera 24
nido 184
nieta 202
nieto 202
nieto(a) 203
nietos 203
niños 203
número de puerta 118
nutria marina 173

obrero de construcción 142
oficina de correos 162
oficina de objetos perdidos 126
ojo 196
ordenador 11
oreja 196
osito de peluche 29
oso polar 166
ostra 108

P

paciente 40
padre 202
padres 202
pajarita 131
pájaro carpintero 186
pajita 53
palillos 214

palito de café 53
palma 198
palo de hockey 64
paloma 184
panadería 88, 162
panadero(a) 148
panceta 107
pantalla de lámpara 30
pantalones 131
pantalones cortos 130
pañuelo 137, 138
papel higiénico 17
papel pintado 10
para declarar 126
paracaidismo 71
parada de autobús 112
pared 28
parque 161
parque de bomberos 160
pasajero(a) 114
pasaporte 124
pasillo 46
patata 101
patinaje 64
patinaje en línea 71
pato 107, 186
pavo 106
pavo real 185
pecho 198
pelo 196
pelo castaño 210
pelo liso 209
pelo negro 209
pelo ondulado 210
pelo rojo 209
pelo rubio 210
peluquero(a) 150
pendiente de collar 136
pendientes 136
pepino 102
pera 94
perejil 101
periodista 150
persiana 11
personal de seguridad 120
pesas 64
peso medio 208
pestaña 196
pétalo 192

pez espada 172
picadura de insecto 40
picnic 72
pico 185
picoteo 59
pie 197
pierna 198
piloto 149
pimientero 23
piña 95
pincel 77
pintar 77
pintor(-a) 142
pintura 77
piscina 46
placa de identificación 132
plano de ubicación 82
planta 29
pluma 185
policía 143
polilla 190
pollito 184
pollo 106
pomelo 94
pomo 12
pómulo 196
portaescobilla de váter 17
portarretratos 30
posavasos 59
pretzel 54
primo 203
probador 132
profesor(-a) 149
puerta 118
pulpo 172
pulsera 136, 137

quemadura 41
queso crema 54
química 155

radiodespertador 10
raíz 191
rama 191

rama pequeña 191
rana 179
raqueta 64
rata 166
ratón 11
raya 173
recepción 48
recepcionista 48, 113
recipiente 23
recogida de equipajes 125
red 66
reloj de pulsera 137
renacuajo 179
repartidor(-a) 149
repisa de chimenea 28
restaurante 46
revisor(-a) 114
rifle 71
rinoceronte 167
rodaballo 108
rodilla 198
ropa de hombre 83
ropa de mujer 84
ropa de niños 84

sala de espera 42
salas de reuniones 46
salchicha 106
salero 23
salmón 108
saltamontes 190
salud e higiene 154
sandía 95
sapo 179
sartén 84
sastre(a) 149
secador de pelo 17
sección 88
sección de alimento congelado 89
sección de productos agrícolas 90
secretario(a) 143
semilla 95
senderismo 70
ser alto(a) 208
ser bajo(a) 208

ser delgado(a) 209
ser flaco(a) 209
ser gordo(a) 208
ser joven 208
serpiente 179
serpiente de cascabel 179
serpiente pitón 180
servicio 59
servicio de habitaciones 47
servilleta 58
seta 102
silla 52
silla giratoria 11
sistema de identificación dactilar 124
sistema de identificación del iris 124
skateboarding 71
sobrina 203
sobrino 203
sobrio(a) 59
sofá 30
sombrero 84
sorprenderse 215
sudadera 131
suelo 28
supermercado 161

tabla de picar 23
tabla de velcro 197
tablero de llegada y salida 114
tallo 192
tapa 23
tapa de váter 17
taquilla 113, 114
taquillero(a) 113
tarifa 112
tarjeta de crédito 34
tarjeta de débito 34
tarjeta de embarque 118
tasa de cambio 34
techo 30
teclado 11
teléfono móvil 76
televisión 29

tener hambre 215
tener miedo 216
tener el pelo/cabello corto 209
tener el pelo/cabello largo 209
tener sueño 215
tenis 66
tenis de mesa 65
terminal de autobuses 114
terminal de autobuses 160
tetera 22
tía 203
tiburón 173
tienda de papel para regalos 84
tienda de regalos 47
tienda libre de impuestos 119
tintorería 162
tío 203
tirantes 137
tiro con arco 64
toalla 16
toallero 16
tobillo 197
tocar instrumento musical 76
tomate 101
tortuga marina 173, 178
tortuga terrestre 178
tos 41
tostadora 23
traje 131
tren 113
tribunal 161
tronco 191
trucha 107
turista 126

uniforme 132
usar las redes sociales 76
uva 96

vaqueros 131
vaso de cepillo de dientes 16
váter 17
venado 166

vendedor(-a) telefónico(a) 144
ventana 29
ventilador 18
ver la tele 77
ver película 78
vestíbulo 47
vestido 132
vestido de noche 132
veterinario(a) 149
vía 114
vieira 108
visado 124
volante 64
voleibol 66

whisky 58

yen 119
yo 202
yuan 119

zanahoria 100
zapatillas 197
zona de embarque 118